와일드 로봇의
탈출

글 그림 **피터 브라운**   번역 **엄혜숙**

거북이북스

와일드 로봇의 탈출

글 그림 피터 브라운 | 번역 엄혜숙

초판 1쇄 발행 2019년 8월 20일 | 초판 8쇄 발행 2025년 6월 13일

펴낸이 강인선 | **펴낸곳** (주)거북이북스
출판등록 2008년 1월 29일(제395-3870000251002008000002호)
주소 10543 경기도 고양시 덕양구 청초로 66 덕은 리버워크 A동 309호
전화 02.713.8895 | **팩스** 02.706.8893 | **홈페이지** www.gobook2.com
이메일 gobookibooks@naver.com
편집 오원영, 류현수 | **디자인** 김그림 | **디지털콘텐츠** 이승연
경영지원 이혜련 | **윤문** 이정희
인쇄 (주)지에스테크
ISBN 978-89-6607-206-4 74840

THE WILD ROBOT ESCAPES
Copyright © 2018 by Peter Brown
This edition published by arrangement with Little, Brown and Company, New York, New York, U.S.A
All rights reserved.
Korean translation copyright © 2019 by Gobooky books co., Ltd.
Korean translation rights arranged with Little, Brown and Company
through EYA(Eric Yang Agency)

이 책의 한국어판 저작권은 EYA(Eric Yang Agency)를 통한
Little, Brown and Company사와의 독점계약으로 (주)거북이북스가 소유합니다.
저작권법에 의하여 한국 내에서 보호를 받는 저작물이므로 무단전재 및 복제를 금합니다.

미래의 자연에게

차례

1. 도시 **11**
2. 상자 **14**
3. 로봇 **15**
4. 가족 **17**
5. 농장 **22**
6. 괴물 **27**
7. 로봇의 이야기 **29**
8. 컴퓨터 **34**
9. 첫날 **35**
10. 로즈의 하루 **39**
11. 뒤처진 기러기들 **41**
12. 향수병에 걸린 로봇 **44**
13. 전자 신호 **45**
14. 슬픈 진실 **47**
15. 아이들 **48**
16. 로봇의 꿈 **53**
17. 새 **54**
18. 재미있는 로봇 **57**
19. 이야기꾼 **62**
20. 야생 동물 **64**
21. 늑대 울음소리 **66**
22. 늑대 **67**

23. 소총　**71**

24. 엄포　**74**

25. 여름　**78**

26. 토네이도　**80**

27. 부서진 로봇　**85**

28. 로봇 가게　**87**

29. 토네이도의 흔적　**90**

30. 선물　**94**

31. 모닥불　**98**

32. 오래된 외양간　**101**

33. 가을　**105**

34. 기뻐하는 기러기들　**107**

35. 기억　**109**

36. 남다른 기러기 무리　**110**

37. 재회　**112**

38. 진실　**115**

39. 협력자　**117**

40. 본능　**120**

41. 겨울　**122**

42. 계획　**125**

43. 수술　**127**

44. 참을성 있는 로봇　**135**

45. 외양간에서의 대화　**136**

46. 봄　**141**

47. 저녁 식사　**143**

48. 돌아온 기러기 무리　**149**

49. 작별　**150**

50. 자유　**155**

51. 비행선　**156**

52. 정찰　**160**

53. 농장 지역　**162**

54. 산　**164**

55. 공격　**166**

56. 횃불　**171**

57. 우박　**174**

58. 오두막　**178**

59. 낯선 황무지　**182**

60. 사냥꾼　**184**

61. 안내　**187**

62. 마지막 대결　**192**

63. 나룻배　**196**

64. 바다 생물　**200**

65. 고래　**202**

66. 새로운 땅　**206**

67. 마을　**208**

68. 기차역　**212**

69. 기차 **215**

70. 도시를 지나다 **218**

71. 관찰 **221**

72. 경찰 **222**

73. 비둘기 **224**

74. 하늘 **228**

75. 레코 로봇 **230**

76. 아침 **233**

77. 지하 **236**

78. 추격 **238**

79. 설계자 **246**

80. 아름다운 결함 **249**

81. 녹아내림 **256**

82. 비밀 **257**

83. 새로운 로봇 **259**

84. 새로운 엄마 **263**

85. 손님 **267**

86. 비행 **271**

87. 귀향 **274**

88. 마지막 작별 **277**

89. 떠남 **280**

90. 섬 **282**

에필로그 **284**

작가 이야기 **286**

도시

우리 이야기는 도시에서 시작한다. 건물과 도로, 다리, 공원이 있는 곳. 사람들이 오가고, 자동차가 지나다니고, 비행선이 날고, 로봇들이 열심히 일하는 곳이다.

배달 트럭 하나가 복잡한 도로 위를 달리고 있었다. 트럭은 어디로, 어떻게 가야 할지 스스로 잘 알고 있었다. 트럭은 공사 현장에 멈추더니 자동으로 상자 몇 개를 내렸다. 그리고 모퉁이를 더 돌고 난 후 부둣가에 더 많은 상자를 내렸다.

트럭은

          이리로

                    저리로

            왔다 갔다

거리를 누비면서 상자를 배달하고는 고속도로로 들어섰다.

승용차, 버스, 트럭들이 고속도로를 따라 느릿느릿 움직이고 있었다. 배달 트럭은 계속 달렸다. 점점 차들이 적어지고, 건물들이 낮아지고, 풍경이 초록색으로 바뀌었다.

 탁 트인 길이 나오자 트럭은 속도를 높였다. 온통 초록색인 풍경이 이어졌다. 이따금 회색빛 점 같은 마을이 획획 지나갔다. 트럭은 계속 달렸다. 긴 다리를 지나고, 산을 깎아 만든 터널을 지나고, 쭉쭉 뻗은 고속도로를 달렸다. 한참을 더 달리다 이윽고 속도를 줄인 트럭은 바깥쪽으로 차선을 변경하더니 경사로를 내려와 농경지로 들어섰다.

 논밭을 달리는 트럭의 꽁무니에서 흙먼지가 자욱하게 피어올랐다. 저 멀리 지평선에 거대한 외양간이 어렴풋하게 보였다. 흙냄새와 가축 냄새가 짙게 풍겼다. 로봇들이 질서 정연하

게 곡물을 키우고, 가축에게 먹이를 주고, 커다란 농기계들을 작동시키고 있었다.

언덕 하나가 보이기 시작했다. 언덕 위에 있는 나무들 사이로 하얀 건물들이 보였다. 또 다른 농장이었다. 여느 농장보다 작고 허름했다. 농장 입구에 있는 비뚤어진 표지판에는 '힐탑 농장'이라고 쓰여 있었다.

배달 트럭은 자갈 깔린 진입로를 바작바작 소리를 내며 지나 언덕 위로 올라갔다. 그러고는 농가의 현관 앞에 멈추더니, 마지막 상자를 내려놓고 떠났다.

단단하게 포장된 상자 안에 무엇이 들어 있을까? 만약에 로봇이라고 생각했다면, 독자 여러분의 짐작이 맞다. 하지만 평범한 로봇은 아니었다. 바로 로줌 유닛 7134. 저 멀리 외딴 야생의 섬에서 그녀가 어떻게 살았는지 기억할 것이다. 이제 로즈의 새 삶이 시작된다.

 2

상자

멍! 멍! 멍!

현관 안쪽에서 개가 앞발로 문을 긁으며 짖고 있었다. 문이 열리자 개는 날쌔게 달려 나와 현관 계단을 뛰어 내려갔다. 뒤이어 한 남자가 나왔다.

남자는 절룩거리며 천천히 상자 앞으로 걸어갔다. 개가 상자 주위에서 킁킁거렸다. 남자가 경첩이 달린 상자 뚜껑을 열었다. 포장재를 옆으로 치우고 밧줄을 풀자, 로줌 유닛 7134가 모습을 드러냈다. 그녀의 생기 없는 몸이 늦은 오후 햇빛을 받아 반짝였다.

남자가 로봇의 뒤통수에 달린, 중요한 단추를 눌렀다.

딸깍!

3

로봇

로봇의 컴퓨터 뇌가 가동되고 프로그램이 작동하기 시작했다. 로봇은 자동으로 일어나더니 상자 밖으로 나왔다.

"안녕하세요? 저는 로즘 유닛 7134입니다. 로즈라고 불러도 좋아요. 제 시스템이 활성화되는 동안 여러분에게 제 소개를 할게요."

"시스템이 완전히 활성화되면 저는 움직일 수 있고, 대화를 할 수 있으며, 뭔가를 배울 수도 있습니다. 제게 일을 맡기면 전 최선을 다해 그 일을 수행할 거예요. 그리고 시간이 지나면 맡겨진 일을 더 잘할 방법을 찾아낼 거예요. 저는 더 나은 로봇이 될 거예요. 제가 필요하지 않을 때에는 방해가 되지 않도록 노력할 것이며, 언제나 명령을 수행할 수 있는 상태를 유지할 것입니다."

"기다려 주셔서 고맙습니다."

"저는 이제 완전히 활성화되었습니다."

가족

"로즈, 힐탑 농장에 온 걸 환영한다. 내 이름은 샤리프야. 이제부터 내가 네 주인이란다."

로즈는 반짝이는 눈으로 가만히 남자를 쳐다보았다. 그리고 말했다.

"안녕하세요? 샤리프 씨."

"여기 나이 든 친구는 오스카야. 아마 자주 볼 일은 없을 거야. 오스카는 거의 집 안에서 자고 있을 테니까."

샤리프 씨가 개의 머리를 쓰다듬으며 말했다.

"안녕? 오스카."

로즈가 말했다.

개가 해맑은 표정으로 멍멍 짖었다.

샤리프 씨는 주머니에서 작은 컴퓨터를 꺼냈다. 그리고 화면을 톡톡 두드려서 힐탑 농장의 지도를 불러왔다.

"로즈, 네가 지금 있는 곳은 여기야."

샤리프 씨는 지도에 나타난 로봇의 위치를 가리켰다.

"넌 우리 농장 전체를 왔다 갔다 하며 일하게 될 거야. 이제 시스템 안으로 들어왔으니, 네가 어디에 있는지 금방 알 수 있단다."

"제가 할 일은 무엇이죠?"

로즈가 말했다.

"우선 너를 포장했던 상자를 차고에 갖다 놓는 게 좋겠다. 상자는 당분간 버리지 않을 거야. 너를 공장으로 돌려보내야 할 상황이 생길지도 모르니까."

로즈는 명령에 따르도록 설계된 게 분명했다. 샤리프 씨의 말이 끝나자마자 포장 재료들을 상자에 넣어 차고로 옮겼다.

로즈가 돌아왔을 때, 샤리프 씨는 구불구불한 시골길을 달려오는 스쿨버스를 지켜보고 있었다. 버스가 농장 진입로 끝에 있는 정류장에 멈추었을 때, 오스카가 꼬리를 흔들며 달려 나갔다. 남자애 하나와 여자애 하나가 버스에서 내리자, 버스는 다시 출발했다. 둘은 교복을 입고 있어서 멀리서 보기에는 똑같아 보였다. 하지만 남자애는 키가 더 컸고, 여자애는 머리가 더 길었다. 둘은 개와 장난을 치며 진입로를 걸어 올라왔다. 그리고 로즈를 발견했다.

"이야! 로봇이다!"

여자애가 달려오며 소리쳤다.

"로봇 하나쯤 있을 때가 됐지."

남자애가 말했다.

"재활용 로봇이란다. 싸구려 로봇이야. 하지만 앞으로 훌륭한 농부가 될 거야."

샤리프 씨가 말했다.

"이름이 뭐예요?"

여자애가 물었다.

"로즈라고 소개하더구나."

"그건 그냥 공장에서 붙인 이름이잖아요. 우린 다른 이름으로 부를 수도 있죠. 음…… 팜봇으로 부르면 어때요?"

남자애가 말했다.

"로즈라는 이름이 더 좋은데."

여자애가 말했다.

"나도 그렇단다. 이름은 그냥 로즈로 하자꾸나. 로즈, 내 딸 자야와 아들 재드를 소개하마."

샤리프 씨가 말했다.

"안녕? 자야, 그리고 재드."

로즈가 인사했다.

아이들은 서로를 쳐다보며 웃었다.

"제 명령도 들을까요?"

재드가 물었다.

"제 명령은요?"

자야도 물었다.

"로즈는 너희 둘의 명령을 따를 거야."

"로즈, 내 숙제를 하도록 명령한다!"

자야가 말했다.

"장난치면 안 돼. 로즈는 농장 일을 하러 왔지, 너희들 숙제를 대신하러 온 게 아니니까. 알겠니?"

샤리프 씨가 말했다.

아이들은 고개를 끄덕였다.

"자, 너희 둘은 오스카를 데리고 안으로 들어가렴. 숙제는 스스로 하고. 아빠는 로즈에게 농장을 보여줄 테니까."

샤리프 씨가 말했다.

5

농장

샤리프 씨가 돌아서며 외쳤다.
"이리 와, 램블러!"
잠시 뒤, 소형 트럭 한 대가 차고에서 나오더니, 샤리프 씨와 로봇 앞에 멈췄다. 트럭 문이 열리자, 둘은 트럭에 올라탔다.
트럭 램블러에는 핸들이 있었지만, 샤리프 씨는 의자에 느긋하게 앉아 자율 주행을 하도록 두었다. 그들은 뒷마당을 가로지르고, 나무와 울타리들을 지나서, 집 뒤편의 진입로를 따라 달렸다. 어느 순간 그들은 농장 건물에 둘러싸여 있었다. 건물들은 모양과 크기가 제각각이었지만, 모두 하얀 벽에 회색 지붕이었다. 그리고

건물이 어디에서 끝나고 어디에서 시작되는지 분간할 수 없을 만큼, 서로 다닥다닥 붙어 있었다. 어떤 건물에는 진흙이 튀어 있었고, 또 어떤 건물에는 구멍이 나 있기도 했다. 외벽의 판자가 헐거워진 곳도 있었다. 풀과 거름 냄새도 진동했다.

  샤리프 씨는 로즈에게 각 건물이 뭘 하는 곳인지 알려 주었다. 그곳에는 젖소들이 사는 거대한 외양간이 있었고, 젖을 짜는 착유실, 작업장, 기계를

넣어 두는 큰 창고가 있었다. 그리고 작은 창고들이 사방에 흩어져 있었다.

램블러는 건물이 모여 있는 곳에서 나와, 언덕 뒤편에 있는 드넓은 농경지로 들어섰다. 길가에는 울타리가 줄지어 서 있었고, 울타리 너머에는 울퉁불퉁 아무렇게나 뻗어 나간 목초지가 있었다. 그곳에는 키가 큰 풀과 잎이 무성한 나무 몇 그루가 우거져 있었고, 소 떼가 풀을 뜯고 있었다. 소들은 꼬리를 획획 흔들며 되새김질을 하다가 트럭이 지나가자 그들을 눈으로 쫓았다. 소 한 마리가 음매, 하고 길게 울었다.

"이곳은 낙농장이야. 그러니까 여기서는 젖소가 여왕이지. 이제 네 삶은 젖소들 위주로 돌아갈 거야. 알아듣겠니?"

"네, 알겠어요."

로즈는 자기를 쳐다보는 어린 송아지를 보면서 대답했다.

그들은 소 떼를 지나고, 야생화 덤불을 지나고, 조용한 연못을 지나고, 새와 들쥐와 호박벌들을 지났다. 찻길은 줄지어 서 있는 나무들을 가로질러 논밭으로 이어졌다. 사각형으로 넓고 평평하게 펼쳐진 밭에는 연둣빛 싹들이 돋아나 있었다.

힐탑 농장은 생명으로 가득 차 있었지만, 영광의 날들은 지난 듯 보였다. 밭들은 대부분 잡초가 무성하거나, 맨흙이 드러나 있었다. 고장 난 농기계와 고물이 여기저기 흩어져 있었고, 빽빽하게 엉킨 덤불이 농장의 가장자리를 차지하고 있었다.

그들은 아주 멀리, 찻길이 끝나는 지점까지 갔다. 램블러가 엔진을 껐고, 남자와 로봇은 시골 풍경을 바라보았다.

저 멀리 하늘과 땅이 만나는 곳에서 기차가 미끄러지듯 달리고 있었다. 기차가 북쪽으로 사라지자 주위가 조용해졌다.

"농장에는 일손이 필요해."

샤리프 씨가 마침내 입을 열었다.

"우리 집안은 대대로 이 농장을 운영해 왔단다. 난 농장을 잃고 싶지 않아. 하지만 이 다리로는 농장 일을 계속할 수가 없어. 그래서 널 여기 데려온 거란다. 로줌 로봇은 거의 모든 종류의 일을 배울 수 있다고 하더군. 로즈 넌 여기서 정말 많은 일을 해야 할 거야."

"알겠어요."

로즈가 말했다.

"우리는 오래전부터 자동화 기계를 써 왔지만, 로봇은 필요하지 않았어. 아내가 죽기 전까지는 말이야."

둘은 잠시 아무 말도 하지 않았다.

그때 낮게 우르릉거리는 천둥소리가 침묵을 깼다. 폭풍우가 다가오고 있었다. 토네이도 시즌은 아직 몇 달 남았지만, 폭풍우는 언제든 농장을 위험에 빠뜨릴 수 있었다.

"집으로 가자."

샤리프 씨가 말했다.

램블러가 엔진을 켜고 왔던 길을 되돌아갔다. 농장 건물이 있는 곳에 도착했을 때쯤 빗방울이 제법 굵어졌다. 소들은 모두 외양간에 있었다.

"이건 네 거야."

샤리프 씨는 로즈에게 컴퓨터를 건넸다.

"이걸로 농장 장비들을 다루고, 여기서 일할 때 필요한 정보를 검색할 수 있을 거야. 컴퓨터 사용법은 알지?"

"네, 컴퓨터 사용법을 알고 있어요."

로즈는 컴퓨터를 써 본 적이 없었다. 하지만 본능적으로 어떻게 해야 하는지 알 것 같았다. 로즈는 첨단 기술을 잘 사용하도록 설계된 것이 분명했다.

"그럼 오늘 밤 공부를 좀 하고, 내일부터 농장 일을 시작하지. 다른 기계와 함께 창고에서 지내면 된단다."

"전 아무래도 젖소와 함께 외양간에서 지내는 게 좋을 것 같아요. 이제부터 제 삶은 젖소들 위주로 돌아갈 테니까요."

"로즈, 네 사고방식이 마음에 드는구나."

샤리프 씨가 웃으며 말했다.

괴물

소들이 외양간에서 마른 풀을 씹고 있을 때, 커다란 문이 열리더니 괴물이 빗속을 뚫고 저벅저벅 걸어 들어왔다. 괴물은 중앙에 나 있는 통로로 내려갔다. 쿵쿵대는 발소리가 외양간에 울려 퍼졌다. 그러다 비어 있는 구석을 발견하고는 걸음을 멈추었다. 괴물은 어둠 속에 가만히 서 있었다. 바깥에서는 폭풍우가 몰아치기 시작했다.

비가 퍼붓고, 바람이 휘몰아치고, 천둥이 치는 소리를 모두가 숨죽여 듣고 있었다. 자정이 되자 폭풍우는 물러가고, 가랑비가 조용히 지붕을 적셨다. 하지만 소들은 쉴 수가 없었다. 외양간 구석에 괴물 하나가 들어와 있었기 때문이다. 소들은 나직하게 속삭였다.

"저 괴물은 여기서 뭘 하는 걸까요?"

"몇 시간 동안 움직이지도 않았어요."

"우리가 잠이 들면 잡아먹으려고 기다리는 거예요."

소들은 겁에 질려 웅성거렸다. 그때 애너벨이라는 늙은 소가 다른 소들을 안심시켰다.

"모두 진정하세요. 제가 이전에 살았던 농장에도 저렇게 생긴 괴물들이 있었어요. 하지만 그들은 절대 소를 먹지 않았어요. 생각해 보니 그들은 아무것도 먹지 않았던 것 같아요."

"저 괴물이 그동안 아무것도 먹지 않았다면, 지금쯤 무척이나 배가 고플 거예요!"

테스라는 소가 말했다.

"아까 농부가 괴물을 트럭에 태우고 다니는 걸 봤어요. 괴물이 위험하다면 절대 그러지 않았을 거예요."

릴리라는 송아지가 말했다.

누구도 이 낯선 생물을 어떻게 생각해야 할지 몰랐다.

"저 괴물은 위험하지 않을 거예요."

"저 괴물은 뭔가 자연스럽지 않아요."

"저 괴물이 움직이는 것 같아요!"

어둠 속에 있던 괴물이 저벅저벅 걸어서 외양간 중앙으로 나오는 동안, 소들은 아무런 소리도 내지 않았다. 그리고 괴물은 불가능한 행동, 누구도 상상할 수 없었던 행동을 했다. 바로 동물의 언어로 말을 한 것이다.

"전 괴물이 아니라 로봇이에요. 제 이름은 로즈랍니다."

7

로봇의 이야기

소들은 믿을 수가 없었다. 괴물이, 로봇이, 기계가 방금 동물의 언어로 그들에게 말을 걸었다. 그들은 로봇이 이제 어떤 행동을 할지 불안한 마음으로 쳐다봤다.

로즈가 그다음에 한 일은 간단했다. 진실을 말했다. 로즈는 외양간 한가운데 서서 자신이 겪은 일을 풀어놓았다.

"전 외딴 야생의 섬에서 첫해를 보냈어요. 제가 어떻게 그곳에 가게 되었는지는 몰라요. 그저 살아남아야 한다는 것만 알았죠. 그래서 섬에 사는 동물들을 관찰했어요. 그들이 어떻게 살아남는지 배우려고요. 그랬더니 놀라운 일이 일어났어요. 동물들의 소리와 움직임을 이해할 수 있게 된 거예요. 그렇게 전 동물의 언어를 배웠어요.

그들과 말할 수 있게 되었지만, 그들은 저를 멀리했어요. 그러다 고아가 된 새끼 기러기를 발견했을 때부터 많은 것이 바뀌었죠. 가엾은 새끼 기러기는 혼자서는 살아남을 수 없어요. 그래서 전 새끼 기러기를 제 아들로 입양해서 보살피기 시작했어요. 그 애 이름은 브라이트빌이에요."

소들은 웅성거리기 시작했다.

"동물들은 제가 브라이트빌을 돌보는 모습을 지켜보았어요. 그리고 마침내 저를 받아 주었죠. 더는 혼자가 아니었어요. 가족도 있고, 친구들도 있었어요. 정말 행복했었어요.

그러다 별안간 레코 로봇들이 들이닥쳤어요. 하얀 비행선을

타고 온 그들은 저를 데려가려 했어요. 제가 저항하자 그들은 폭력적으로 변했어요. 그때 동물들이 저를 지켜 주었어요. 용감하게 싸워서 레코 로봇들을 물리쳤죠. 하지만 전 심하게 망가졌어요. 수리가 필요했지만, 섬에서는 불가능했어요. 동물들이 제 부서진 몸을 비행선에 실어 주었고, 그렇게 고향을 떠나게 되었죠."

"브라이트빌은 어쩌고요?"

송아지 릴리가 난간 사이로 얼굴을 내밀며 말했다.

"제 아들은 똑똑하고 강한 아이랍니다. 멋진 기러기 무리와 함께 있고요. 제가 없어도 잘 해낼 거예요."

로즈가 말했다.

"비행선에 실려 어디로 갔나요?"

테스가 물었다.

"저를 만든 공장으로 갔어요. 공장에는 제작자라고 불리는 로봇들이 일하고 있었어요. 제가 도착했을 때, 그들은 저를 부서진 로봇들이 쌓여 있는 방에다 넣었어요. 어떤 로봇은

완전히 망가졌는데, 그런 로봇은 바로 어딘가로 보내졌죠. 그때까지 컴퓨터 뇌가 작동하는 로봇은 테스트를 받았어요."

"어떤 테스트요?"

릴리가 물었다.

"제작자가 질문했어요. 어떻게 망가졌는지, 비상사태에 어떻게 대처할 것인지, 소리와 냄새와 물건을 알아볼 수 있는지 등에 대해서요. 모든 질문에 제대로 대답한 로봇은 수리를 받고, 나머지는 폐기되었죠.

전 야생에서 살아남기 위해 위장을 했어요. 로봇 공장에서도 살아남기 위해 제 진짜 모습을 감추었죠. 저는 다른 로봇과 똑같이 행동했어요. 기러기를 입양했다거나, 동물과 대화를 할 수 있다거나, 레코 로봇에 대항해 싸운 이야기는 하지 않았어요. 그저 테스트를 통과하는 데 필요한 말만 했어요. 그리고 그게 효과가 있었죠."

"잘됐네요, 로즈!"

테스가 외치자, 다른 소들이 웃음을 지었다.

"제작자들이 제 작동 장치를 껐고, 깨어나니 전 이곳 농장에 와 있었어요. 몸은 다 고쳐진 상태였죠. 이제 여러분처럼 저도 샤리프 씨의 소유가 되었어요."

소들의 얼굴에서 웃음기가 사라졌다.

모두가 조용했다.

그러다 나이 많은 애너벨이 입을 열었다.

"나도 가족, 친구들과 헤어졌어요. 그들은 내가 태어난 농장에 남았지요. 날마다 그들을 생각해요."

"사랑하는 이들과 떨어져 지내는 건 정말 힘든 일이에요."

로즈가 말했다.

"로즈, 그래도 최악은 아니에요. 적어도 이 농장에서는 자연과 가까이 지낼 수 있으니까요."

테스가 말했다.

"그래요, 최악은 아니죠."

로즈의 눈빛이 살짝 밝아졌다.

"하지만 저에게 이곳은 안전하지 않아요. 그들이 제 진짜 모습을 알게 된다면 저를 파괴할 거예요. 그래서 전 때가 되면 이곳을 탈출하려고 해요."

8

컴퓨터

외양간은 조용했다. 밤이 천천히 지나고 있었다. 희미한 불빛 아래에서 소들은 평화롭게 쉬었다. 건초를 씹는 소들도 있었다. 그리고 우리의 로봇은 원래 있던 구석으로 돌아왔다. 컴퓨터 화면의 부드러운 불빛이 로즈의 얼굴을 비추었다. 로즈는 농장을 조사하고 있었다.

로즈는 소와 목초지, 자생 식물과 야생 동물, 계절과 기후, 기계와 건물, 울타리와 농기구, 그리고 모든 낙농 장비에 대해 공부했다. 모든 정보가 로봇의 컴퓨터 뇌에 완벽하게 입력되었다. 하룻밤 사이에 로즈는 농부가 되었다.

첫날

동이 트자 소들이 움직이기 시작했다. 한 마리씩 옆문으로 나가서 진흙투성이인 마당을 지나, 착유실에서 젖을 짠 뒤 목초지로 내려갔다. 아침마다 시계 태엽처럼 똑같은 일상이 반복됐다. 오늘은 로봇이 그 일상에 합류했다.

로봇의 컴퓨터 뇌에는 농업에 대한 풍부한 지식이 들어 있었다. 농장에서의 첫날을 시작할 준비가 된 것이다. 로즈는 젖은 수풀을 헤치며 걸어나갔다. 그리고 천천히 고개를 돌려 주변 풍경을 살폈다.

해가 떠오르고 있었다.

안개가 걷히고 있었다.

소들이 풀을 뜯고 있었다.

그러다 갑자기 세상이 뒤집혔다. 순식간에 벌어진 일이었다. 로즈는 바닥에 누워 하늘을 바라보고 있었다. 고약한 냄새가 진동했다. 우리의 로봇이 소똥에 미끄러진 것이다.

소들이 웃음을 터뜨렸다.

"힐탑 농장에 온 걸 환영해요, 로즈!"

테스가 소리쳤다. 그러자 소들이 또 한 차례 음매, 하면서 콧바람을 내뿜었다.

"로즈, 이제 소똥과 소들의 웃음소리에 익숙해져야 할 거예요. 여기서는 별로 웃을 일이 없어서, 우리는 사소한 일에도 웃으려고 노력한답니다."

나이 많은 애너벨이 걸어가며 말했다.

"알겠어요. 저도 웃는 게 좋아요."

로즈는 어색하게 하하하, 소리 내어 웃었다. 그러고는 일어나서 발을 닦고, 농장을 계속 둘러보았다. 앞을 두루 살피며 조심조심 발을 내디뎠다.

들판이며 건물, 울타리 모두 로즈의 손길이 필요

했다. 하지만 가장 급한 건 농기계를 고치는 일이었다.

 소몰이 기계는 목초지를 돌아다니며 풀을 뜯는 소를 돌보는 역할을 했다. 하지만 지금은 진흙에 파묻혀 새들의 놀이터가 되었다. 농작물 기계는 엄청나게 커서 마치 바퀴 달린 집 같았다. 이들은 논밭을 돌아다니며 씨를 뿌리고, 거름을 주고, 사료용 작물을 수확했다. 하지만 몇 주 전에 작동을 멈추었고, 지금은 한쪽 구석에서 먼지만 뽀얗게 쌓여 있었다. 아래쪽에 특수 카메라가 달린 드론은 날아다니며 농장 구석구석을 비추도록 설계되었지만, 얼마 전 까마귀 떼의 공격을 받아 추락했다. 풀숲에는 부서진 기계들이 아무렇게나 널브러져 있었고, 창고 안에도 수리가 필요한 기계들이 한가득 있었다.

 시끄러운 전동 공구 소리가 평화로운 아침을 깨웠다. 로즈가 기계들을 고치고 있었다. 로봇은 강한 팔다리와 온갖 지식으로 거침없이 일을 해냈다. 몇 시간이 지나자, 기계들이 다시 움직이기 시작했다. 농장은 금세 활기로 가득 찼다.

해 질 무렵, 램블러가 덜컹거리며 찻길을 내려왔다. 앞 좌석에는 샤리프 가족이, 뒷좌석에는 오스카가 타고 있었다.

"일은 어떠니, 로즈?"

샤리프 씨가 창밖으로 고개를 내밀며 물었다. 아이들은 킥킥거리며 손을 흔들었다. 개는 산들바람에 코를 킁킁거렸다.

"잘되고 있어요. 기계가 다시 작동되네요."

로즈가 대답했다.

"그런 것 같구나."

샤리프 씨가 머리 위에서 날고 있는 드론을 보며 말했다.

"네가 어떻게 일하는지 확인하러 나왔단다. 잘하고 있구나. 방해하지 않을 테니 계속하렴."

트럭은 왔던 길을 되돌아갔다. 오스카가 로즈를 돌아보며 짖었다.

"네 몸에서 소똥 냄새가 나!"

오스카의 말이 맞았다. 로봇은 무척 더러웠다. 로즈는 비누로 몸을 닦으면서 농부로서의 첫날을 마쳤다.

로즈의 하루

로즈가 농장에서 하는 일은 따분하기 짝이 없거나 아니면 굉장히 더러운 일뿐이었다. 그 일들을 자세히 설명한다면 독자 여러분은 분명히 지루해할 것이다. 그러니 그저 이렇게 말하는 게 좋겠다. 로즈는 그날의 일거리에 따라 정비사, 수의사, 정원사, 배관공, 청소부, 조경사, 목수, 전기 기술자가 되었다. 어떤 날은 여러 가지 일을 한꺼번에 하기도 했다. 로즈의 농장 생활은 정말이지 바빴다.

물론, 도움을 받기도 했다. 독자 여러분도 농장에 있는 몇몇 기계에 대해서는 이미 알고 있을 것이다. 농장은 모든 것이 자동화되어 있어서 상당히 편리했다. 문은 자동으로 열렸고, 소들은 건강 상태를 자동으로 점검하는 전자 목걸이를 차고 있었다. 젖소들은 젖이 가득 차면 스스로 착유실로 들어가 기계에 몸을 맡겼다. 우유는 관을 통해 저장 탱크로 들어갔고, 탱크는 냉장실로 옮겨졌으며, 냉장된 우유는 자동으로 병에 담겼다. 우유가 트럭에 실리면, 배달 트럭은 알아서 우유를 배달했다.

샤리프 씨는 농장의 사업적인 일들을 처리했다. 고객을 만나고, 돈을 관리하고, 물품을 주문했다. 그는 모든 일을 집 안에 있는 사무실에서 처리했다. 이제 바깥일을 대신할 로봇이 있었기 때문에 집밖으로 나갈 일이 별로 없었다.

로즈는 예상했던 것보다 농장 생활이 만족스러웠다. 대부분의 시간을 드넓게 펼쳐진 하늘 아래에서 동물들과 함께 보냈다. 일하는 동안에도 꽃향기를 맡을 수 있고, 구름을 올려다볼 수 있고, 나뭇가지 사이를 살랑이며 지나가는 바람을 느낄 수 있었다.

혼자 있을 때면 송아지들과 놀거나, 풀밭을 뛰어다니거나, 야생 동물과 수다를 떨었다. 하지만 샤리프 가족이 가까이 있을 때는 평범한 로봇인 척했다. 자신의 진짜 모습을 절대 보여 주지 않았다. 그렇게 로즈는 이중 생활을 했다.

뒤처진 기러기들

 야생 기러기는 가을과 봄에 이동하는 것으로 알려졌다. 하지만 정확한 시기는 기러기 무리마다 다르다. 어떤 무리는 이른 시기에 비행을 시작하고, 어떤 무리는 조금 늦게 출발한다. 이렇게 뒤처진 기러기 무리 중 하나가 로즈의 시선을 끌었다.
 끼룩! 끼룩! 끼룩!
 소리가 먼저 들려왔다. 기러기들이 우는 소리가 농장 전체에 울려 퍼지더니, V자 대형의 기러기 무리가 날아왔다. 기러기들은 목초지를 지나 연못에 미끄러지듯 내려앉았다.
 로즈가 다가가도 기러기 무리는 별로 신경 쓰지 않았다. 기러기들은 다른 농장에서 로즈 같은 로봇을 많이 보았고, 무서워할 필요가 없다는 것도 알고 있었다. 하지만 로즈는 다른 로봇과는 아주 달랐다.
 "안녕하세요? 여러분! 힐탑 농장에 온 걸 환영해요!"
 로즈가 말했다.

기러기들은 얼어붙었다. 그리고 의심스러운 눈으로 로즈를 빤히 쳐다보았다. 가장 큰 기러기가 천천히 헤엄쳐왔다.
"당신 같은 괴물은 많이 봤지만, 말하는 괴물은 처음 봐요!"
"전 괴물이 아니라 로봇이에요. 제 이름은 로즈랍니다."
기러기가 머리를 긁적였다.
"만나서 반가워요, 로즈. 저는 윙팁이고, 이쪽은 제 친구들이에요."
로즈는 기러기 무리를 향해 다정하게 손을 흔들었다. 기러기들은 호기심 가득한 눈으로 로즈 주변에 몰려들었다. 독자 여러분도 짐작할 수 있겠지만, 그들은 로즈에게 기러기 아들이 있다는 사실을 듣고 매우 놀랐다. 그들은 브라이트빌에 대해, 섬에서 있었던 일에 대해, 농장에서의 새로운 생활에 대해 온갖 질문을 퍼부었다. 로즈도 기러기들에게 물었다.
"혹시 브라이트빌이 속한 무리가 이쪽으로 지나갈까요?"
"글쎄요, 아무래도 그들은 동쪽 길로 갔을 거예요. 이렇게 먼 서쪽까지 올 이유가 없죠."
윙팁이 말했다.
로즈는 실망감에 풀썩 주저앉았다.
"어쨌거나 우리 기러기들은 반가운 소식들을 많이 전하죠. 이거 하나는 약속할게요. 혹시라도 브라이트빌을 만나게 된다면, 당신이 있는 곳을 알려 줄게요."

윙팁이 말했다.

그때 아이들이 떠드는 소리와 개 짖는 소리가 들려왔다. 로즈는 기러기와 수다 떠는 모습을 들킬까 봐, 얼른 작별 인사를 하고 일하러 갔다. 나중에 연못을 내려다보니, 기러기 무리는 이미 떠나고 없었다.

12

향수병에 걸린 로봇

우리는 모두 고향을 그리워한다. 로봇도 고향을 그리워하는 마음이 점차 깊어졌다. 로즈는 아들과 친구들이 있는 섬에서 살아야 했다. 로즈는 그곳으로 돌아가기로 마음먹었지만, 방법을 몰랐다. 로즈가 조금이라도 이상하게 굴면 샤리프 씨가 로즈를 파괴해 버릴지도 모른다. 조심해야 했다. 로즈는 하루하루 침착하게 농장 일을 했다. 그러면서도 조금씩, 비밀스럽게 탈출 계획을 세웠다.

ize # 전자 신호

삐! 삐! 삐! 삐!

로즈의 컴퓨터에 메시지가 깜박였다. 드론이 돌풍 때문에 빙글빙글 돌다가 이웃의 콩밭에 처박혔다는 보고였다. 로즈는 무거운 공구 상자를 들고, 사고를 수습하기 위해 나갔다.

로즈는 착륙 장치가 덤불에 걸려서 거꾸로 뒤집혀 있는 드론을 발견했다. 긁힌 자국들이 있었지만 심한 손상은 아니었다. 로즈는 드론을 바로잡은 다음, 지저분한 부분을 닦아 내고 나사 몇 개를 조였다.

"힐탑 농장으로 돌아가."

로즈가 말했다.

드론의 엔진이 윙윙거리더니 집으로 날아갔다.

로즈도 집으로 향했다. 로즈는 두 농장 사이에 있는 작은 숲을 가로질렀다. 그곳에는 나무와 덤불, 고사리, 바위, 작은 야생 동물들이 있었다. 로즈는 문득 그리운 야생의 섬이 떠올랐다. 언젠가는 이곳에서 도망쳐 고향으로 갈 것이다. 혹시 지금이 탈출할 기회일까? 이 나무들 사이로 몰래 달아나면 어떻게 될까?

아니, 탈출이 그렇게 쉬울 리 없었다. 숲 가장자리에 샤리프 씨를 태운 트럭이 보였다. 그는 램블러에 앉아 로즈를 쳐다보고 있었다. 로봇의 전자 신호 때문에 샤리프 씨는 로즈가 농장에서 벗어났다는 것을 알았고, 로즈가 무엇을 하고 있는지 보려고 나온 것이다.

로즈는 트럭으로 걸어갔다. 샤리프 씨는 심각한 표정을 지으며 창밖으로 고개를 내밀었다.

"다시는 내 허락 없이 농장을 벗어나지 말아라, 알겠니?"

"알겠어요."

로즈는 정말 잘 알고 있었다. 자신이 늘 감시당하고 있다는 것과 힐탑 농장에 완전히 갇혔다는 사실을.

14

슬픈 진실

 그날 밤 모두가 자고 있을 때, 로즈는 컴퓨터로 은밀한 것들을 조사했다. 자기 몸의 설계도, 농장 지역의 지도, 그리고 탈출에 도움이 될 만한 뉴스들을 검색했다. 하지만 아무것도 찾지 못했다. 로즈의 컴퓨터는 농업에 대한 정보만 제공할 뿐이었다. 로즈는 바깥세상과 단절되어 있었다.
 로즈가 이 생활에서 벗어나려면 다른 이들의 도움이 필요했다. 하지만 소들은 탈출 방법을 몰랐고, 샤리프 씨는 절대 로즈를 놓아주지 않을 것이다. 로즈가 도망치는 걸 대체 누가 도와줄 수 있을까?

15

아이들

시간이 흐르면서 로즈는 샤리프 씨를 만날 일이 점점 줄어들었다. 대신 아이들을 자주 만났다. 아이들은 처음에는 수줍어했다. 로즈가 일하다가 고개를 들면, 재드가 외양간 모퉁이에서 엿보고 있거나 자야가 나무 위에서 로즈를 내려다보고 있었다. 그러다가 아이들은 점점 대담해졌다.

어느 날 로즈가 작업장으로 들어갔을 때, 어디선가 킥킥대는 소리가 들렸다. 로즈는 뒤편에 있는 벽장문을 열었다. 자야가 그 안에서 소리 내지 않으려고 애쓰며 웃고 있었다.

"숨바꼭질하고 있어. 문 좀 닫아 줘."

자야가 속삭였다.

로즈는 문을 닫았다.

몇 분 뒤, 재드가 헐떡이며 뛰어 들어왔다.

"저기, 로즈…… 혹시…… 자야…… 봤어?"

로즈는 멀뚱히 쳐다볼 뿐이었다.

"여기 있는 거 알아."

재드가 말했다.

재드가 작업장 여기저기를 뒤지기 시작했다. 작업대 밑, 공구 상자 뒤, 그리고 커다란 기계들 사이를 뒤지던 재드가 마침내 로즈에게 말했다.

"로즈, 내 동생이 어디에 숨어 있는지 알려 줘. 명령이야!"

로즈는 벽장을 가리켰다.

재드는 장난스럽게 웃으며 까치발로 걸어간 다음 문을 열고 소리쳤다.

"찾았다!"

"불공평해! 로즈가 알려 줬잖아."

자야가 로즈를 노려보며 말했다.

"로즈, 정말 너무했어. 하지만 숨바꼭질로 갚을 기회를 줄게. 오빠랑 내가 숨을 테니까, 백까지 센 다음에 우리를 찾아, 알았지?"

로즈는 아무 말이 없었다.

잠시 후 로즈가 대답했다.

"좋아."

자야와 재드는 환호성을 질렀다. 로즈가 숫자를 세기 시작하자, 둘은 서둘러 밖으로 나갔다. 예민한 귀로 아이들이 내는 소리를 주의 깊게 들었다. 자갈길을 걷는 소리, 킥킥대는 소리,

나뭇가지가 흔들리는 소리, 낑낑대는 소리, 건초 더미를 파헤치는 소리.

숫자를 모두 센 로즈가 나무 위에 있는 자야를 찾는 데는 딱 오 초가 걸렸다. 그리고 팔 초 뒤 건초 더미 속에 있는 재드를 찾아냈다.

"우아! 정말 잘 찾는구나."

재드가 머리에서 건초를 떼어 내며 말했다.

자야는 콧방귀를 뀌었다.

"이번에는 얼마나 잘 숨는지 보자."

로즈는 숨는 걸 더 잘했다. 아이들이 숫자를 세는 동안, 로봇은 조용히 사라졌다. 아이들은 한 시간이 지나도 로즈를 찾지 못했다. 마침내 둘은 포기 선언을 했다.

"우리가 졌어, 로즈!"

재드가 외쳤다.

"네가 이겼어!"

자야가 소리쳤다.

그러자 외양간 옆 쓰레기 더미가 움직이더니 로즈가 나타났다. 로봇은 고철과 낡은 농기계들 사이에서 완벽하게 위장했던 거였다.

"로즈, 다음에 놀 때는 우리가 이기게 해 줘."

자야가 말했다.

로즈는 그다음부터 아이들이 이기게 해 주었다.

로즈는 아이들과 노는 것이 즐거웠다. 아이들 덕분에 로즈의 일상이 조금은 밝아졌다. 로즈는 아이들이 더 밝아지길 바랐다. 엄마가 죽은 뒤, 아이들의 삶은 우울했을 것이다. 어쨌거나 로즈는 아이들과 친하게 지낼 이유가 또 있었다. 자야와 재드가 로즈의 탈출을 도와준다면, 아이들의 마음속에 그런 바람이 우러난다면, 그건 로즈에게 집으로 돌아갈 유일한 기회가 될 것이다. 하지만 이건 아주 민감한 문제였다. 로즈가 지나치게 몰아붙이면 아이들은 아빠에게 뭔가를 말할지도 모른다. 그렇다고 너무 조심하면, 로즈는 평생 그 농장에서 벗어날 수 없을 것이다.

로봇의 꿈

소 떼는 목초지에서 풀을 뜯고 있었다.
바람은 수풀 사이를 바스락거리며 지나갔다.
구름은 들판 위를 떠다녔다.
농기계들은 윙윙거리고 덜컹거렸다.
우유는 병 속으로 흘러 들어갔다.
병들은 상자에 담겼다.
상자들은 트럭에 실렸다.
트럭은 상자를 가득 싣고 떠났다가 텅 빈 채 돌아왔다.
아이들은 개와 함께 뛰놀았다.
남자는 책상에 앉아 있었다.
로봇은 탈출을 꿈꾸고 있었다.

 17

새

힐탑 농장은 새들의 집이었다. 제비들은 풀밭 위로 낮게 휙 날아와서 벌레를 잡곤 했다. 까마귀들은 야유하는 관객들처럼 들판에서 까옥까옥 울어댔다. 밤에는 올빼미들이 미끄러지듯 날며 털북숭이 먹잇감을 찾아다녔다. 로봇은 농장에 갇혀 있었지만, 새들은 가고 싶은 곳 어디든 자유롭게 날아다녔다. 새들은 운을 타고났다.

어느 날 풀을 뜯는 소들 사이에서, 로즈는 하늘 높이 나는 매를 부러운 눈으로 바라보고 있었다. 자박자박 소들의 느린 발소리가 들리고, 질겅질겅 풀을 씹는 소리가 들리고, 휙휙 꼬리로 파리를 쫓는 소리가 들려도, 로즈는 마냥 서서 매를 올려다보았다.

그때 릴리의 부드러운 목소리가 들려왔다.

"무슨 생각을 하고 있어요, 로즈?"

로즈는 송아지를 향해 고개를 돌렸다.

"브라이트빌을 생각했어요. 그 아이도 저렇게 하늘을 가르며 날겠죠. 그 모습을 지켜보던 게 그리 오래전 일은 아닌데, 어쩐지 아주 까마득하게 느껴지네요."

"로즈는 이곳이 정말 싫겠어요. 그걸 나무랄 수는 없겠죠. 농장 일은 정말 힘들어 보이거든요."

애너벨이 말했다.

"솔직히 전 농장 일이 마음에 들어요. 농기계와 도구, 작물, 동물들과 함께 시간을 보내는 게 좋아요. 하지만 섬에서 지냈던 때가 그리워요."

로즈가 말했다.

"이제 그만 이 농장을 당신의 고향이라고 생각하는 게 어때요? 섬은 너무나 멀리 있잖아요. 아마 다시 돌아가지 못할 거예요."

테스가 민들레를 입에 가득 물고 말했다.

"그런 말 마세요! 로즈는 집으로 돌아가야 해요. 브라이트빌, 그리고 친구들과 함께 살아야 한다고요!"

릴리가 외쳤다.

"테스 말이 맞아요. 전 돌아갈 수 없을지도 몰라요. 제가 새라면 언제든, 어디로든 날아갈 수 있겠죠. 하지만 전 로봇일 뿐이에요."

다들 아무 말도 하지 않았다. 소들은 다시 풀을 뜯었고, 로즈는 다시 매를 올려다보았다. 매는 하늘 높이 날아올랐다. 가고 싶은 곳 어디든 자유롭게 훨훨 날았다.

재미있는 로봇

아이들은 공장 건물 뒤편에 있는 공터를 가로질러 뛰어갔다. 그 끝에는 오래된 참나무가 한 그루 있었다. 아이들의 아빠가 소년이었을 때 올라가곤 했던 나무였다. 샤리프 씨의 이름 첫 글자가 나무 기둥에 새겨져 있었다. 그 위로 이름들이 더 있었다. 샤리프 씨의 선조들은 나무에 이름을 새겨왔다. 언젠가 자야와 재드의 이름도 나무에 새겨질 것이다.

잎이 무성한 참나무 아래에는 도토리가 흩어져 있었다. 재드는 도토리들을 옆으로 치운 다음 바닥에 앉더니, 주머니에 있던 작은 컴퓨터를 꺼냈다. 자야는 나무를 타고 올라갔다. 둘은 오후 내내 나무에서 시간을 보냈다. 그러다 아이들은 로즈가 커다란 공구 상자를 들고 지나가는 것을 보았다.

"로즈, 어디 가는 거야?"

재드가 물었다.

로봇이 걸음을 멈추었다.

"드론이 또 추락했어. 고치러 가는 중이야."

로즈가 말했다.

"우리가 도와줄까?"

"도움은 필요 없는데."

"심심해. 로즈, 뭐 재미있는 거 없을까?"

자야가 오빠 머리 위에 있는 나뭇가지에 걸터앉아 다리를 대롱대롱 흔들며 말했다.

로봇은 공구 상자를 내려놓았다.

"내가 뭘 하면 좋을까?"

"글쎄."

자야가 골똘히 생각하다 말했다.

"공중제비 돌 수 있어?"

"응, 공중제비 돌 수 있어."

자야의 얼굴에 웃음기가 번졌다.

"로즈, 공중제비를 돌아 봐. 명령이야!"

로즈는 몸을 웅크렸다가 공중으로 뛰어오르더니 몸을 휙 돌려 부드럽게 착지했다. 완벽한 공중제비 자세였다. 그걸 본 재드가 컴퓨터를 옆으로 치웠다. 자야는 나무에서 뛰어내렸다. 아이들은 놀란 눈치였다.

"로즈, 또 뭘 할 수 있어? 저글링 할 수 있어?"

재드가 물었다.

"응, 저글링 할 수 있어."

"그럼 저글링 해 봐. 음…… 도토리로 저글링을 해 봐. 명령이야!"

로즈는 나무 아래로 걸어가 커다란 도토리 세 개를 줍더니, 완벽한 리듬으로 저글링을 했다. 자야는 로봇의 움직임을 자세히 관찰한 다음, 도토리를 던졌다. 첫 번째 도토리는 너무 높이 올라갔고, 두 번째 도토리는 너무 멀리 갔다. 얼마 지나지 않아 도토리들은 다시 풀밭으로 돌아갔다.

"웃긴 얘기 아는 거 있어?"

재드가 물었다.

"닭은 왜 길을 건넜을까요?"

"그건 됐어. 다른 재미있는 이야기 없어?"

"어떤 이야기를 듣고 싶은데?"

"로봇 이야기!"

재드가 말했다.

"동물 이야기!"

자야가 말했다.

"로봇과 동물이 함께 나오는 이야기는 어때?"

로즈가 말했다.

아이들은 서로를 쳐다보며 웃었다. 그리고 나무에 기대어 앉아, 로봇 이야기꾼을 올려다보았다.

로즈는 이야기를 시작했다.

"옛날 어떤 섬에 혼자 사는 로봇이 있었어. 그 로봇은 산과 숲과 초원을 노닐며 살고 있었지. 그러던 어느 날, 끔찍한 일이 일어났어. 로봇이 절벽에서 떨어진 거야. 로봇은 살아남았지만, 가엾게도 부서진 바위에 맞은 기러기 두 마리가 죽고, 알 네 개가 깨졌어. 로봇은 불쌍한 기러기 가족을 바라보았어. 그런데 그때 가까운 곳에서 삐악삐악 우는 소리가 들렸어. 소리를 따라간 로봇은 진흙에 파묻힌 기러기 알을 하나 발견했어. 로봇은 조심스럽게 알을 들어올렸지. 기러기 새끼가 알에서 깨어났을 때 처음으로 본 건, 자기를 바라보는 로봇의 얼굴이었어. '엄마! 엄마!' 새끼 기러기가 로봇을 보며 울었어. 새끼 기러기는 로봇을 엄마로 생각했고, 그날 이후 로봇은 새끼 기러기의 엄마가 되어 주었지. 그렇게 둘은 웃기지만 행복한 가족을 꾸렸대. 끝!"

아이들은 나무 밑에 앉아서 로즈의 이상한 이야기에 대해 생각했다. 그리고 로즈를 올려다보며 말했다.

"그다음은 어떻게 되었어?"

이야기꾼

로즈와 아이들에게 새로운 일상이 생겼다. 일주일에 몇 번씩 아이들은 참나무 아래 앉아서 로즈가 들려주는 섬에 사는 로봇 이야기를 들었다. 아이들은 로봇이 섬에서 어떻게 살아남았는지, 로봇이 산사태와 곰의 공격, 혹독한 겨울을 어떻게 이겨냈는지, 또 섬의 동물들과 어떻게 친해졌는지 귀기울였다. 특히 아이들이 좋아했던 이야기는 로봇과 기러기 아들에 관한 것이었다. 이야기 속 기러기는 무척 멋졌다.

로즈는 이야기를 하고, 또 하고, 또 했다. 물론 로즈가 말하지 않은 것, 말할 수 없었던 것이 있었다. 그 이야기가 모두 사실인 데다, 자기 이야기라는 것이다.

아이들도 이야기하는 것을 좋아했다. 자야는 용과 괴물에 관해 이야기했고, 재드는 우주에 있는 외계인 이야기를 했다. 로즈와 더 친해지자 아이들은 자신들에 대해서도 말하기 시작했다.

외딴 시골 생활, 학교 친구들, 그리고 가족에 관해 이야기했다. 부모님이 함께 농장을 꾸렸던 이야기, 사고가 나기 전 모든 것이 완벽했던 시절의 이야기도 했다.

그런데, 그들의 삶은 순식간에 변했다. 엄마는 세상을 떠났고, 아빠는 크게 다쳤다. 샤리프 씨는 혼자 농장을 운영하려 했지만 쉽지 않았다. 해야 할 일은 너무도 많았고, 샤리프 씨는 그 일들을 모두 해낼 여력이 없었다. 농기계들은 평소처럼 전력을 공급받고 일을 했지만, 그것들은 관리가 필요했다. 결국 고장나기 시작했고, 농장은 기울어 갔다. 아이들은 예전의 생활로 돌아갈 수 있을지 궁금해했다.

"그래서 널 데려온 거야, 로즈. 이곳을 구해 줄 누군가가 필요했거든."

자야가 말했다.

"네가 지금 하는 일이 바로 그거야."

재드가 빙그레 웃으며 말했다.

20 야생 동물

 야생 동물은 농장 생태계에 많은 이로움을 준다. 곤충은 꽃가루를 나르고, 뱀은 해충을 먹어 치운다. 들쥐와 새의 똥 그리고 여러 동물의 분비물은 천연 거름이 된다. 로즈는 농장에 도움이 되는 야생 동물이 더 많이 올 수 있도록 휴경지를 야생 풀숲으로 만들었다. 갖가지 들풀과 꽃, 딸기 덤불이 자라났다. 식물이 무성해지자 야생 동물도 많아졌다.

 가끔은 전혀 도움이 안 되는 생물이 어슬렁거리기도 했다. 어느 날 로즈는 바람에 실려 오는 묵직한 냄새를 맡았다. 냄새를 쫓아 농장 가장자리에 있는 좁은 숲으로 갔다. 덤불에 털 뭉치가 걸려 있었고, 바닥에는 발자국이 흩어져 있었다. 핏자국도 있었다. 사슴 사체였다. 최근에 사냥당한 것 같았다.

 로즈는 고개를 천천히 돌리며 주변을 탐색했다. 멀지 않은 곳에서 똥을 발견했다. 개가 눈 똥 같았다. 하지만 오스카는 사슴을 죽일 만큼 덩치가 크거나 사납지 않았다. 누가 이런

짓을 했을까?

그 숲에서 꽤 긴 시간을 보냈다. 로즈는 샤리프 씨가 사무실 컴퓨터 앞에 앉아, 지도를 보면서 자신의 위치를 확인하는 모습을 상상했다. 곧 샤리프 씨가 절뚝거리며 집에서 나와 트럭을 타고 이곳으로 올 것이다. 로즈는 샤리프 씨를 화나게 하고 싶지 않았다. 그래서 사체를 그대로 남겨 두고, 얼른 일하러 돌아갔다. 하지만 그때부터 로즈는 이상한 징조가 보이는지 신경 써서 관찰했다.

21

늑대 울음소리

 이상한 징조는 계속 나타났다. 털북숭이 얼굴들이 덤불 밖으로 고개를 내밀기도 했고, 사향 냄새가 짙게 풍겨 오기도 했다. 달빛 아래서 종종걸음치는 그림자를 보기도 했다.
 그러던 어느 밤, 울음소리가 들렸다.
 길게 울부짖는, 위협적인 늑대의 울음소리였다.

22

늑대

해 질 녘 그들의 공격이 있었다. 사나운 짐승의 모습을 한 그림자 일곱 개가 울타리를 넘어 목초지 안으로 들어왔다. 나이 많은 애너벨이 무리에서 떨어져 혼자 어슬렁거리고 있었다. 그녀는 공격당하기 쉬운 먹잇감이었다. 늑대들이 들어온 걸 본 소몰이 기계가 그쪽으로 굴러갔다. 하지만 사냥꾼들은 영리했다. 덜컹거리며 굴러오는 기계를 피한 다음 사냥감을 에워쌌다.

덩치 큰 수컷이 무리를 이끌고 있었다. 이름이 섀도우였는데, 그 이유는 쉽게 알 수 있었다. 그는 빠르고 조용했으며, 짙은 털로 뒤덮여 있었다. 몸에는 혜성처럼 보이는 기다란 흉터도 하나 있었다.

섀도우는 날카로운 눈으로 소를 쳐다보며, 소의 주의를 빼앗았다. 그리고 늑대 무리가 공격 대형을 갖추자 그들을 향해 외쳤다.

"공격해!"

늑대들이 달려들었다. 날카로운 이빨로 소의 마른 다리를 덥석 물었다.

"저리 가, 이 짐승들아!"

애너벨이 발길질을 하며 외쳤다.

소는 덩치만 클 뿐이었다. 늑대들은 노련한 사냥꾼이었다. 그들은 계속 애너벨을 물어뜯으며 그녀가 지치기를 기다렸다.

다른 소들은 멀리서 바라만 봤다. 도와주러 가고 싶었지만, 친구의 이름을 목 놓아 부르짖을 뿐 움직일 엄두도 내지 못했다. 독자 여러분, 이때 누가 나섰는지 알겠는가? 쿵쿵대는 발소리가 목초지에 울려 퍼졌다. 로즈가 싸움판에 뛰어들었다. 그녀가 주먹을 날리고 발을 휘둘렀다면 늑대들은 도망갔을지

도 모른다. 하지만 로즈는 폭력을 쓰지 못하게 설계되었다. 로즈는 어설프게 소를 감싸 안았다.

늘대들은 로즈의 팔을 물어뜯고, 발톱으로 가슴을 할퀴었다. 그녀의 통증 센서에 불이 들어오자 로즈가 큰 소리로 외쳤다.

"우리를 내버려 둬!"

쩌렁쩌렁한 로봇의 목소리에 늘대들이 주춤했다. 그때 로즈가 늘대 하나를 떼어 냈다. 그리고 애너벨이 뒷발로 있는 힘껏 걷어차자, 또 다른 늘대가 풀밭으로 나동그라졌다.

소들이 움직이기 시작했다. 마침내 용기를 낸 것이다. 분노한 소 떼가 몰려왔다. 늘대들은 사냥 기회를 놓쳤다. 섀도우는 좌절감으로 그르렁거렸고, 결국 늘대 무리는 물러났다. 그들은 목초지를 빠르게 달려 울타리를 뛰어넘고는 숲으로 사라졌다.

로봇은 헤드라이트를 작동시켰고, 그녀의 눈에서 빛이 나왔다. 소들이 그들을 에워싸고 있는 동안 로즈는 애너벨의 상처 부위를 살폈다.

"상처를 깨끗이 씻고, 붕대를 감아야겠어요. 하지만 괜찮을 거예요."

로즈가 말했다.

"물론 괜찮고말고. 내가 늙긴 했어도 아직 기운이 넘친다고. 저따위 늑대는 겁나지 않아."

애너벨은 씩씩하게 말했지만, 두 눈에 드러난 두려움을 감출 수는 없었다. 모든 소가 겁에 질렸다. 늑대들이 다시 공격한다면, 다음 목표물은 오늘처럼 운이 좋지 않을지도 모른다. 소들은 모두 그걸 알고 있었다.

23

소총

늑대들은 다음 날 다시 돌아왔다. 새벽이 되자 그들은 나무에서 뛰어내려 가엾은 송아지를 쫓기 시작했다. 로즈가 간신히 늑대들을 몰아냈지만, 그날 밤 그들은 또 몰려왔다. 놀란 소들이 우르르 외양간으로 도망치는 것을 보며 늑대들은 웃으며 돌아갔다.

소들은 충격을 받고, 외양간을 나가지 않으려고 했다. 이런 상황이 계속된다면 소들의 우유 생산량이 줄어들 것이다. 그러면 농장 경영이 어려워질 것이고, 샤리프 씨는 로즈를 공장으로 되돌려 보낼 것이다. 무슨 일이든 해야만 했다.

똑, 똑, 똑.

안에서 개가 짖는 소리가 들렸다. 곧 아이들이 문을 열었다.

"어디서 이렇게 긁힌 거야?"

자야가 물었다.

"괜찮아?"

재드가 물었다.

"너희 아빠와 얘기를 해야겠어."

로즈가 대답했다.

말소리를 들은 샤리프 씨가 현관으로 나왔다. 로즈는 상황을 설명했다. 늑대에 관한 이야기를 듣자마자 샤리프 씨는 아이들을 방으로 들여보냈다. 하지만 개는 그대로 있었다. 오스카는 둘이 무슨 얘기를 하는지 몰랐기 때문에 샤리프 씨 옆에서 행복하게 꼬리를 흔들었다. 그러다 샤리프 씨가 소총을 로즈에게 건네자, 오스카는 꼬리 흔드는 걸 멈추었다. 오스카는 총 쏘는 걸 본 적이 있었다. 뼛속까지 겁에 질린 오스카는 덤불 속으로 뛰어들더니 그 속에서 낑낑댔다.

"총을 쏘지 못한다니 무슨 소리야?"

남자가 소리쳤다.

"로즈, 넌 지금 농부야. 때로는 동물을 죽여야 할 상황도 있다고!"

샤리프 씨가 이렇게까지 소리를 지른 건 처음이었다.

"농장과 가족이 위험에 처했어. 로즈, 당장 그 늑대들을 죽이도록 해. 명령이야!"

로즈는 샤리프 씨가 침을 튀기며 하는 말을 참을성 있게 듣고 있다가 침착하게 말했다.

"그 명령은 따를 수 없습니다. 저는 폭력을 쓸 수 없도록 설계되었어요."

샤리프 씨는 깊은 한숨을 내쉬었다. 로즈의 말이 옳다는 걸 알고 있었다. 그런데 샤리프 씨가 총을 다시 가져가려 하자, 로즈는 총을 잡고 놓지 않았다.

남자는 로봇을 쳐다보았다.

로봇은 개를 쳐다보았다.

개는 총을 쳐다보았다.

개는 아직 덤불 속에 숨어서 낑낑대고 있었다.

총을 보기만 했는데도 개는 공포에 떨었다. 저런 겁 많은 동물이 늑대와 친척이라는 게 믿기 힘들었다. 그러나 개와 늑대는 먼 친척이다. 로봇은 생각했다. 로즈의 컴퓨터 두뇌가 윙윙 돌아갔다. 개와 늑대 그리고 소총. 로즈는 우두머리인 섀도우의 옆구리에 길게 난 흉터를 기억해 냈다. 로즈에게 좋은 생각이 떠올랐다.

"제가 총을 쏠 수는 없지만, 총이 문제를 해결하는 데 도움은 될 것 같아요."

로즈가 말했다.

샤리프 씨는 얼굴을 찌푸렸다. 로봇이 무슨 생각을 하는지 알 수 없었지만, 로봇이 하는 대로 맡기기로 했다.

"알아서 해 봐. 대신 소들을 잘 지켜야 해. 안 그러면 널 보내버릴 테니까."

 24

엄포

외양간에 있던 소들이 로즈를 내다보았다. 로즈는 총을 들고 멀리 목초지 건너편으로 걸어갔다. 발치에 총을 내려놓고는, 진흙과 풀로 자기 몸을 덮기 시작했다. 소똥도 조금 섞었다. 그러더니 바닥에 자리를 잡고 앉아 풍경의 일부가 되었다. 로즈는 아주 평범한 풀 더미처럼 보였다.

소들은 놀랐다.

"로즈가 뭘 하는 걸까요?"

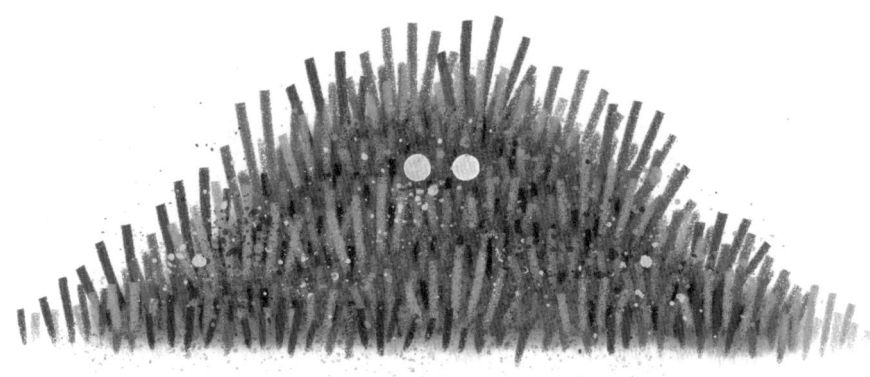

"괜찮은 걸까요?"

"로즈가 갑자기 안 보여요!"

로즈는 섬에서 위장하는 방법을 배웠다. 그리고 지금 그 속임수를 써먹고 있었다. 로즈는 몇 시간 동안 꼼짝 않고 앉아서 늑대가 나타나기를 기다렸다. 날이 저물고 별이 떴다. 달이 높이 떠올랐다. 그래도 늑대는 나타나지 않았다. 로즈는 새로운 걸 시도했다.

로즈는 뛰어난 흉내쟁이였다. 로즈는 다친 송아지 흉내를 내기 시작했다.

"제발 도와주세요! 다리를 다쳐서 움직일 수가 없어요!"

로즈가 외쳤다.

올빼미가 비웃으며 지나갔다.

"움직일 수가 없어요!"

가짜 송아지는 계속 울부짖었다. 드디어 달이 나뭇가지에 걸렸을 때 늑대 일곱 마리가 목초지로 슬그머니 들어왔다. 섀도우가 조용하게 무리를 이끌었다. 검은 털로 뒤덮인 섀도우는 거의 보이지 않았다. 길고 하얀 흉터만이 그의 존재를 알려 주었다. 섀도우는 코로 킁킁 냄새를 맡았고, 눈으로 주변을 두리번거렸으며, 귀를 쫑긋 세웠다. 그때 풀 더미에서 바스락거리는 소리가 들렸다.

"저기야. 송아지는 저 풀 더미 속에 숨어 있어."

섀도우가 속삭였다.

"하지만 뭔가 이상해, 섀도우. 이건 너무 쉽잖아."

암컷 늑대가 말했다.

"결정은 내가 해, 바브."

우두머리가 쏘아붙였다.

"래시, 러크, 팽은 풀 더미 주위를 에워싼 다음 내 지시를 기다려."

늑대 세 마리가 달려나갔다. 그들이 대형을 갖췄을 때 섀도우가 신호를 보냈다. 늑대들은 풀 더미에 점점 더 가까이 다가갔다. 풀 더미가 조금씩 움직이더니, 갑자기 벌떡 일어났다. 진흙이 떨어져 내렸다. 로봇이 당당하게 서서 총을 겨누었다.

늑대 무리는 얼어붙었다.

"안녕? 섀도우!"

로즈가 으르렁거리듯 말했다.

"내 이름은 로즈야. 넌 이게 뭔지 알고 있을 거야. 총에 맞은 적이 있다는 걸 네 흉터가 말해 주고 있으니까. 내가 방아쇠를 당기면 무슨 일이 벌어질지도 잘 알고 있겠지."

독자 여러분, 우리는 로즈가 폭력을 쓸 수 없다는 걸 알고 있다. 방아쇠를 당기고 싶어도 절대 그럴 수 없을 것이다. 로즈는 단지 엄포만 놓았다. 하지만 이 사실을 전혀 모르는 섀도우는 굴복할 수밖에 없었다. 늑대는 로봇 앞에 납작 엎드렸다.

섀도우가 처음으로 보인 약한 모습이었다.

"나는 어떤 늑대도 해치고 싶지 않아. 그렇지만 너희가 다시 농장으로 돌아온다면 나도 어쩔 수가 없어. 그러니 다시는 이곳에 얼씬도 하지 마."

로즈가 말했다.

섀도우는 꼬리를 내리고 허둥지둥 도망쳤다. 바브와 나머지 늑대 무리가 그 뒤를 따랐다. 얼마 지나지 않아 그들은 어둠 속으로 사라졌다.

여름

봄이 여름으로 서서히 녹아들었다. 늑대들은 다시는 나타나지 않았다. 로즈의 엄포 때문인지, 아니면 불볕더위 때문인지 알 수 없었다. 일 년 중 가장 더운 시기였다. 이글이글 타오르는 태양에 들판이 타는 듯했다. 연못은 말라붙었고, 농장 전체에서 고약한 냄새가 났다.

가뭄 때문에 강력한 살수기가 농장을 돌아다니며 물을 뿌려댔다. 농장은 더 짙은 초록색이 되었다. 풀밭이 무성해지자 로즈는 풀 베는 기계와 건초 묶는 기계를 작동시켰다. 커다란 기계들이 창고에서 나와 밭으로 갔다. 얼마 지나지 않아 무성했던 풀들은 사라지고, 건초 더미가 여기저기 흩어져 있었다.

소든 사람이든 더운 낮에는 실내에 머물렀다. 그러다 해가 지고, 밤공기가 선선해지면 밖으로 나왔다. 소 떼는 별 아래에서 풀을 뜯었고, 아이들은 반딧불이를 쫓았다. 가끔 샤리프 씨도 뻣뻣한 다리를 펴기 위해 바깥으로 나왔다.

밤바람에 나뭇가지가 흔들렸다.

지평선에서 마른번개가 번쩍였다.

매미가 여름 노래를 불렀다.

농장 일이 없을 때 로즈는 탈출 방법을 찾곤 했다. 모든 것이 아이들에게 달려 있었다. 로즈는 아이들의 도움이 필요했지만, 진실을 말할 수는 없었다. 아직은 너무나 위험했다.

샤리프 씨는 아이들한테 로즈가 일하는 것을 방해하지 말라고 당부했지만, 아이들은 아빠의 말을 듣지 않았다. 몰래 집에서 빠져나와 로봇에게 놀아달라고 명령했다. 로즈는 아이들과 함께 이야기하고, 자전거를 타고, 풀밭에 누워 몽글몽글한 구름이 흘러가는 것을 지켜보았다.

여름은 토네이도의 계절이었다. 때때로 깔때기 모양의 두꺼운 구름이 아래로 내려와 땅에 닿았다. 지금까지는 별 피해를 주지 않고 물러났지만, 토네이도가 오는 건 시간 문제였다.

 26

토네이도

그날 일기 예보에서는 토네이도가 발생할지 모른다고 경고했다. 그러나 첨단 과학 장비에도 불구하고, 전문가들은 토네이도가 언제, 어디에서 생겨날지 정확히 예측하진 못했다. 그래서 농부들은 하늘을 올려다보며, 평소에 하던 일을 계속했다.

로즈는 밭에서 건초 더미를 트럭에 싣고 있었다. 남쪽에서 구름이 부풀어오르기 시작했다. 빗방울이 로즈의 몸을 가볍게 두드렸다. 로즈는 대수롭지 않게 생각했다. 바람이 불기 시작했다. 로즈는 여전히 일을 계속했다. 그러다 번개가 번쩍이는 것을 봤고, 로즈는 일을 마무리하고 트럭에 올라탔다. 트럭은 밭을 가로질러 달렸다.

폭풍우는 빠른 속도로 강해졌다. 검은 구름이 소용돌이치며 아래로, 아래로 내려오기 시작했다. 마치 뱅글뱅글 돌아가는 거대한 손가락이 대지를 가리키는 것 같았다. 토네이도가 이제 제 모양을 갖추기 시작한 것이다.

트럭이 찻길에 올라섰을 때 로즈는 소리쳤다.

"램블러! 더 빨리 달려!"

엔진이 붕붕 소리를 냈고, 타이어가 자갈을 마구 튕겨냈다. 로즈는 트럭 손잡이를 꽉 잡았다.

깔때기 구름은 계속 아래쪽으로 뻗어 내려왔다. 구름이 나무를 스치자 나뭇잎들이 폭발하듯 공중으로 날아올랐다. 흙먼지들이 빙글빙글 돌면서 하늘 위로 딸려 올라갔다. 드디어 토네이도가 땅에 닿았다.

멀리서 사이렌 소리가 들려왔다. 하지만 토네이도가 휘몰아치는 소리가 더 사납고 시끄러웠다. 사이렌 소리는 울부짖는 토네이도 소리에 묻혀 사라졌다.

트럭은 찻길을 달려 농장 건물들이 있는 곳으로 들어섰다. 로즈는 앞에 있는 샤리프 씨의 집을 바라보았다. 겁에 질린 얼굴들이 창문으로 보였다.

"대피소로 가세요!"

로즈는 있는 힘껏 소리쳤다. 그리고 트럭에서 뛰어내려, 샤리프 가족을 도우러 달려갔다.

나뭇잎과 나뭇가지들이 날리면서 로봇의 몸을 때렸고, 로봇은 균형을 잃고 휘청거렸다. 뒤쪽으로는 농장 건물들이 심하게 삐걱대고 덜그럭거렸다. 착유실이 흔들리더니, 끼익하는 끔찍한 소리와 함께 지붕 전체가 바람에 날아갔다.

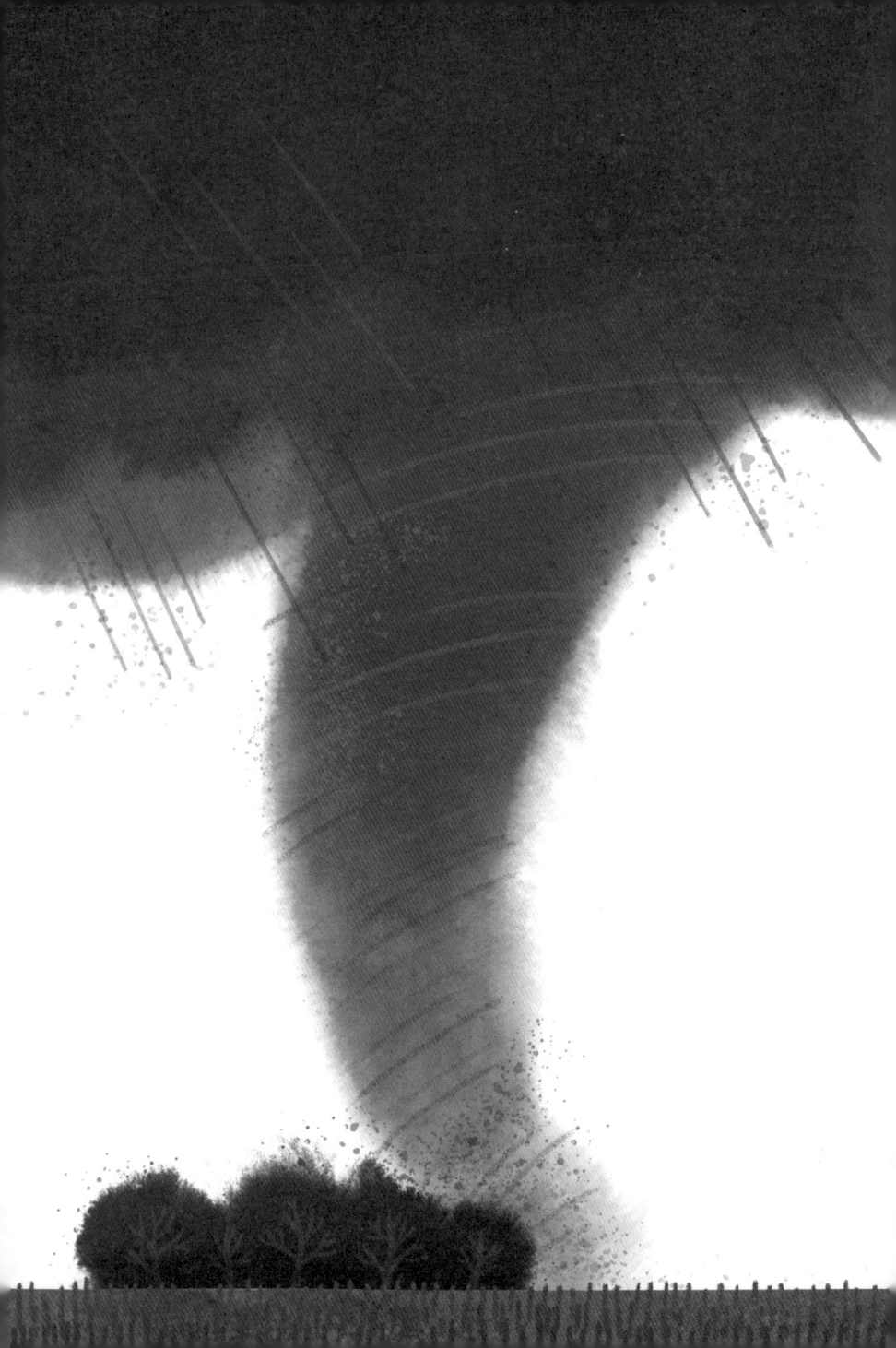

뒷마당에 흐릿한 그림자 넷이 나타났다. 샤리프 씨는 얼굴을 가린 채 절룩거리며 대피소로 갔다. 문을 연 샤리프 씨는 손을 흔들며 모두에게 계단 아래로 내려가라는 신호를 보냈다. 오스카가 맨 먼저 뛰어 내려갔고, 그다음에는 자야가 들어갔다. 하지만 재드는 그 자리에서 움직이지 않았다.

"어서 들어가, 재드!"

아빠가 소리쳤다.

소년은 꼼짝 않고 서 있었다. 머리카락이 제멋대로 흩날렸다. 재드는 휘몰아치는 거대한 토네이도를 올려다보았다. 토네이도에 대한 악몽을 꾼 적이 있었는데, 이건 꿈이 아니었다. 토네이도는 현실이었고, 점점 가까이 다가오고 있었다.

구름이 더 빠르게 소용돌이쳤다.

바람이 더 크게 울어댔다.

나무들이 바닥으로 처박혔다.

그때 누군가 재드를 팔로 감싸 안았다. 로즈가 재드를 재빨리 대피소로 옮겼다. 샤리프 씨는 대피소 안에서 필사적으로 두 팔을 내밀었다. 로즈가 재드를 아빠의 품 안으로 안전하게 밀어 넘겼을 때, 거센 바람이 대피소 문을 쾅 닫았다. 그리고 로봇을 휙 낚아채 갔다.

처음에 로즈는 자기가 토네이도 속에 있다는 것도 몰랐다. 바닥으로 다시 떨어질 거라고 생각했다. 하지만 바람은 로즈를 높이, 더 높이 밀어 올렸다. 나무 꼭대기가 보이고, 지붕이 보이고, 목초지가 보였다. 구름이 빙글빙글 돌 때마다 더 넓은 시골 풍경이 눈에 들어왔다.

로봇의 생존 본능이 머릿속에서 경고음을 요란하게 울렸다. 자신을 보호하라고 다그쳤다. 하지만 로즈가 무엇을 할 수 있을까? 모든 것은 토네이도에 달려 있었다. 휘몰아치는 바람을 따라 로즈는 빙빙 돌고 또 돌았다. 심지어 나는 게 어떤 기분인지 알 것 같았다. 로즈는 브라이트빌을 생각했다. 마지막 순간을 아들의 세계에서 보낸다고 생각했다.

토네이도에 휩쓸린 건 로즈만이 아니었다. 흙먼지, 자갈, 나뭇잎, 나뭇가지, 울타리 기둥, 농기구들이 로즈 주위에서 함께 돌고 있었다.

로즈는 크고 작은 물건들에 부딪혔다. 로즈는 자신에게 삽이 다가오는 것을 미처 알아채지 못했다. 그러다 쨍! 무거운 삽이 로즈의 뒤통수를 때렸다. 갑자기 모든 것이 캄캄해졌다.

27

부서진 로봇

샤리프 가족은 길옆 도랑에 처박혀 있는 로봇을 발견했다. 왼쪽 다리는 찌그러졌고, 오른팔은 나무 기둥에 감겨 있었다. 온몸이 어그러지고 패여 있었다.

가족은 로즈를 트럭에 태웠다. 차 안에는 오스카가 기다리고 있었다. 오스카는 로즈의 냄새를 킁킁 맡았다. 가족이 모두 트럭에 올라타자, 램블러가 방향을 돌렸다.

도로에는 폭풍우의 잔해가 가득했기 때문에 트럭은 천천히 달릴 수밖에 없었다. 재드가 로즈의 뒤통수에 달린 단추를 눌렀다. 로즈가 어눌한 목소리로 말했다.

"안녕하세요오오오? 저는 로주우우우웁 유닛 7134입니다. 로오오오즈라고 불러도 좋아요."

오스카는 가엾은 로봇의 얼굴을 핥았고, 재드는 로봇에게 몸을 기댔다.

"로즈, 내 말 들려? 괜찮은 거야?"

"안녀어어엉? 재드. 난 팔다리가 부서어어지고, 뇌가 좀 망가아아졌어. 지금 시이이스템이 고치는 주우우웅이니, 잠까아안 기다려 줘어어."

복구 프로그램이 작동되자 로즈의 눈이 맥박 뛰듯이 반짝였다. 그리고 얼마 뒤, 로즈는 원래대로 돌아왔다.

"제 컴퓨터 두뇌가 이제 완전히 기능을 회복했습니다."

재드는 로봇을 두 팔로 안고 흐느꼈다.

"로즈, 정말 미안해. 네가 토네이도에 휩쓸려 간 건 내 잘못이야. 제발 화내지 마!"

자야도 울고 있었다. 자야는 오빠와 오스카, 그리고 로즈를 끌어안았다. 샤리프 씨는 안는 걸 그리 좋아하지 않았다. 그래도 로즈의 어깨에 손을 가만히 올려놓았다. 그들은 한동안 그렇게 서로를 껴안고 있었다. 토네이도의 충격이 생생했지만, 함께 있다는 건 기분 좋은 일이었다.

"샤리프 씨, 허락 없이 농장을 떠나서 죄송합니다."

"사과할 필요 없어, 로즈. 네가 살아 있어서 기쁘구나."

남자가 웃으며 말했다.

"소들은 어떤가요?"

"농장은 엉망이지만, 소들은 괜찮아. 우리는 지금 너를 수리점으로 데려가는 중이야. 곧 다시 소들을 만날 수 있을 거야."

샤리프 씨가 대답했다.

28

로봇 가게

그곳은 작고 조용한 농촌 마을이었다. 트럭 몇 대가 거리를 지나고, 몇몇 사람이 집 현관 앞에 앉아 있었다. 마을 중심가에는 상점 몇 곳이 있었는데, 램블러는 그중 흰색 건물 앞에 멈춰 섰다. 샤리프 씨는 아이들과 로즈를 트럭에 남겨 두고, 건물 안으로 들어갔다.

"테크랩 지점에 오신 걸 환영합니다! 전 나딘이에요. 무엇을 도와드릴까요?"

하얀 정장을 입은 여자가 말했다.

샤리프 씨는 가게에 전시된 로봇에 정신이 팔렸다. 각양각색의 로봇들이 모두 눈을 빛내며, 누군가 데려가 일을 시켜 주기를 기다리고 있었다. 그러다 로줌 유닛에 시선이 닿았을 때 샤리프 씨는 가게에 온 이유를 떠올렸다.

"난 힐탑 농장을 운영하고 있소. 방금 토네이도가 한바탕 휩쓸고 지나갔다오."

샤리프 씨가 말했다.
"저도 사이렌 소리를 들었어요! 모두 괜찮아요?"
나딘이 말했다.
"우리 가족은 괜찮소. 그런데 로봇이 많이 망가졌다오. 로줌 유닛인데, 지금 밖에 있소."
샤리프 씨가 말했다.
"패치! 로줌 수리 상자 가져와!"
나딘이 어깨너머로 외쳤다.
한 로봇이 커다란 상자를 가지고 들어왔다. 로줌 로봇과 비슷했지만, 더 작고 통통했다. '패치'라는 단어가 몸통에 새겨져 있었다. 샤리프 씨는 패치를 트럭으로 데리고 갔다. 아이들과 로즈는 이야기를 나누고 있었다.
패치는 로즈의 부서진 몸을 살펴보더니 수리 비용을 알려 주었다. 남자는 턱을 쓰다듬으며 어떻게 할까 곰곰이 생각했다. 그때 아이들이 고개를 불쑥 내밀며 말했다.
"로즈를 고쳐 주세요!"
샤리프 씨가 고개를 끄덕이자, 패치가 일을 시작했다. 패치는 부드럽게, 그러나 정확한 동작으로 로즈를 바닥에 내려놓았다. 그리고 부서진 팔과 다리를 비틀어 뺐다. 그런 다음 상자에서 새 팔다리를 꺼내어 로즈의 몸통에 끼워 넣었다. 어느새 로즈는 온전한 모습으로 일어섰다.

"로봇은 언제 봐도 놀라워."

샤리프 씨는 로즈의 반짝이는 새 팔다리를 부러운 눈으로 쳐다보며 말했다.

"제작자들이 로줌 유닛보다 훨씬 훌륭한 로봇을 많이 만들었어요. 샤리프 씨는 가장 기본적인 유닛을 가지고 있군요. 혹시 소프트웨어 업그레이드나 설정값 조정이 필요하세요? 아니면 여기 긁힌 자국들이라도 없애 드릴까요?"

나딘이 말했다.

"비용이 더 들겠지요?"

"아마도요."

나딘이 웃으며 대답했다.

"난 이 기본 유닛에 만족한다오. 그보다는 엉망이 된 농장을 복구할 작업 로봇들이 필요해요. 혹시 작업반을 보내줄 수 있겠소?"

"그럼요. 바로 보내드릴게요."

나딘이 말했다.

29

토네이도의 흔적

힐탑 농장은 거의 알아볼 수가 없을 만큼 망가져 있었다. 건물들은 허물어지고, 장비들은 사라졌으며, 폭풍우가 남긴 잔해들이 여기저기 쌓여 있었다. 전기도 끊기고, 컴퓨터 시스템은 완전히 다운되었다. 쓰레기를 헤치면서 걷던 로즈는 자신이 농장에서 벗어나 있다는 사실을 깨달았다. 샤리프 씨가 로즈의 전자 신호를 추적하려면 아마도 몇 시간은 걸릴 것이다.

지금이 탈출할 기회일까?

아니다. 로즈는 샤리프 가족을 떠날 수 없었다. 적어도 지금은 아니었다. 로즈는 샤리프 가족을 돕기로 했다.

토네이도는 엄청난 피해를 남겼다. 하지만 다행히도 모든 것을 망가뜨린 건 아니었다. 외양간은 한쪽으로 기울어졌지만, 다행히 무너지진 않았다. 로즈가 힘겹게 문을 열었다. 소들이 불안에 떨며 한쪽 구석에 모여 있었다.

"이제 안전해요. 모두 기분이 어때요?"

로즈가 침착한 목소리로 말했다.
"우리 기분이 어떨 것 같아요?"
"신경쇠약에 걸리겠어요!"
"내 삶 전체가 주마등처럼 눈앞을 지나갔다고요!"
로즈는 손을 들어 소들을 진정시켰다.
"토네이도 때문에 농장이 많이 파괴되었어요. 착유실도 마찬가지죠."
소들은 놀라서 술렁거렸다.
"젖이 금방이라도 터져 나올 것 같은데, 이를 어쩐담!"
테스가 외쳤다.
"제가 옛날식으로 우유를 짜 드릴까요?"
로즈가 말했다.
테스는 로즈의 뭉툭한 기계 손을 보더니 고개를 저었다.
"괜찮아요. 참을 수 있어요."
"비상 작업반이 오는 중이에요. 작업 로봇들이 일하는 동안에는 여기 있을 수 없어요. 저를 따라오세요."
로즈는 소들을 데리고 조심스럽게 밖으로 나가 목초지로 내려갔다. 울타리 몇 개가 사라졌고, 소몰이 기계도 부서졌다. 소들은 제멋대로 돌아다니지 않겠다고 약속하고는, 바람에 뽑혀서 널브러져 있는 풀을 먹기 시작했다.
대형 트럭 세 대가 덜컹거리며 진입로를 올라왔다. 문이 활

 짝 열리자 작업 로봇들이 내렸다. 작업반장 로봇이 로즈와 함께 할 일을 확인하는 동안, 다른 로봇들은 트럭에서 물품들을 꺼냈다. 그리고 그들은 일을 시작했다.

 전동 공구들이 윙윙거렸다. 로봇들은 잔해를 치우고, 울타리를 고치고, 구멍을 파고, 기계를 수리했다. 기둥과 벽을 세우고, 지붕을 올리고, 장비와 파이프와 전선을 연결했다. 작업 로봇들은 함께 일하도록 설계된 것이 분명했다.

 샤리프 가족은 로즈와 함께 뒷마당에 서서 농장이 복구되는 과정을 지켜보았다. 몇몇 로봇이 집으로 와서 지붕에 난 구멍을 고치고, 깨진 유리창을 갈았다. 마지막으로 쓰레기와 공구들을 트럭에 실은 로봇들이 일렬로 섰다.

"우리의 작업에 만족하십니까?"

작업반장 로봇이 말했다.

"만족해요."

로즈가 말했다.

그 말을 들은 로봇들은 트럭을 타고 떠났다. 토네이도 때문에 엉망진창이 된 지 몇 시간 만에 힐탑 농장은 다시 말끔해졌다.

30

선물

아이들이 창고로 들어왔다. 농기계 사이를 지나, 우유 배달 트럭을 정비하고 있는 로즈를 발견했다.

"로즈, 네게 줄 선물이 있어."

재드가 웃으며 빨간 리본이 달린 은색 상자를 로즈에게 건넸다. 로즈는 깜짝 놀랐다.

"안에 뭐가 들었는지 알겠어?"

자야가 말했다.

로즈는 생각했다.

"양동이? 돌? 망치? 거북이? 깡통인가?"

"하하, 알았어. 그만해."

자야가 말했다.

"카드 먼저 읽어야지."

재드가 말했다.

리본 끈 아래 작은 카드가 꽂혀 있었다. 로즈는 카드를 꺼내어 읽었다. 카드에는 재드가 손으로 삐뚤빼뚤하게 쓴 글이 있었다.

> 로즈에게
> 우리 농장이랑 가족을 보살펴 줘서 정말 고마워.
> 이 선물 사느라고 그동안 모았던 돈을 다 썼어.
> 그러니까 네 마음에 들었으면 좋겠어.
> — 널 사랑하는 자야와 재드
>
> P.S. 섬에 사는 로봇 이야기도 어서 더 들려줘.

"멋진 카드 정말 고마워. 그런데 글씨는 좀 더 신경 써야겠다."
로즈가 말했다.
"선물이나 풀어 봐!"
재드가 눈을 굴리며 말했다.
로즈는 리본을 풀고, 은색 포장지를 벗겨냈다. 그리고 상자 뚜껑을 열었다. 공구 벨트가 눈에 들어왔다. 짙은 가죽 띠에 다양한 공구를 넣을 수 있는 주머니들이 달려 있었다.
"이걸로 일을 좀 더 수월하게 할 수 있을 거야."

자야가 말했다.

"로즘 로봇을 위해 특별히 만든 거래. 그러니까 너한테 꼭 맞을 거야."

재드가 말했다.

아이들은 로즈에게 새 공구 벨트를 매어 주었다. 허리에 차는 다른 벨트와 다르게 이건 어깨에서 대각선으로 매는 거였다. 재드가 벨트를 왼쪽 어깨에 두르더니 오른쪽 엉덩이 쪽으로 늘어뜨렸다. 자야가 끈을 버클에 끼워 몸통에 딱 맞을 때까지 단단히 조였다.

"마음에 들어?"

자야가 물었다.

"무척 마음에 들어. 멋진 선물 고마워."

로즈가 대답했다.

아이들은 웃으며 로봇을 껴안았다. 아이들은 로봇을 정말 좋아하는 것 같았다. 로즈는 농장에서 탈출하는 것을 도와줄 만큼 아이들이 자기를 좋아하는지 궁금했다. 머지않아 모든 것을 걸고 아이들에게 진실을 말해야 할 때가 올 것이다. 하지만 지금은 로즈가 두 번째로 좋아하는 일을 했다. 로즈는 자야와 재드를 데리고 참나무 아래로 가서 섬에 사는 로봇 이야기를 들려주었다.

31

모닥불

뒷마당에서 연기가 피어올랐다. 로즈가 샤리프 가족을 위해 모닥불을 피웠다. 섬에서 불을 피울 때는 돌을 부딪쳤는데 여기서는 라이터를 썼다.

모두 일렁이는 불꽃 주위에 둘러앉아 별을 올려다보았다. 오스카는 따뜻한 땅 위에 엎드려 몸을 쭉 뻗었다. 로즈도 가까운 곳에 함께 있었지만, 그녀의 마음은 아주 멀리에 있었다. 로즈의 컴퓨터 뇌는 섬에서 모닥불을 피웠던 기억과 브라이트빌과 함께 별을 바라보던 기억을 재생했다.

샤리프 가족은 폭신폭신한 마시멜로를 꼬챙이에 끼워 모닥불에 굽고 있었다. 마시멜로에 불이 붙자 아이들이 까르르 웃었다. 아이들은 겉은 바삭하고, 안은 끈적거리는 마시멜로를 좋아했다. 아빠는 갈색으로 고루 익은 걸 좋아했다. 그들은 마시멜로를 먹으며 즐겁게 수다를 떨었다.

"우주 정거장이야. 저기에 사람이 산다니 믿을 수가 없어."

자야가 천천히 밤하늘을 가로지르는 작은 점을 가리키며 말했다.

"저기에는 동물도 살아. 우주 정거장에 농장이 있대. 우리 소들을 데리고 가서 우주 농부들에게 농장 일을 가르쳐 줘야 해."

재드가 말했다.

"우리 소들은 지구에서 사는 삶에 만족하고 있을 거다. 나도 마찬가지고."

샤리프 씨가 말했다.

마시멜로를 다 먹고 나서, 자야와 재드는 오스카를 끌어안았다. 불꽃을 바라보면서 아빠에게 이야기를 해달라고 졸랐다. 하지만 포근한 모닥불 앞에서 아이들은 꾸벅꾸벅 졸기 시작했다. 그래서 샤리프 씨는 로즈에게 말했다.

"내가 어렸을 때는 늘 모닥불을 피웠지."

그가 마시멜로 꼬챙이로 숯을 쑤시자, 이글거리는 불씨들이 공중으로 날아올랐다.

"가족이 모두 이렇게 둘러앉아서 이야기를 나누곤 했어. 행복한 시절이었지. 그러다 형과 누나가 도시로 이사를 갔고, 부모님은 늙어 갔어. 모두 내가 농장을 이어받을 거라고 생각했지.

하지만 나 혼자서는 이곳을 운영할 수 없었어. 그래서 자밀라를 고용했지. 내가 농장 일을 맡고, 자밀라는 사업적인 걸 관리했어. 우리는 좋은 팀이었어. 그리고 우린 사랑에 빠졌지.

자밀라가 재드를 임신했을 때, 농장 일을 도와줄 자동화 기계를 몇 대 샀어. 자야가 태어났을 때 몇 대를 더 샀고. 그 기계들 때문에 자밀라가 죽게 될 줄 알았더라면……."

농부는 말끝을 흐렸다.

로즈는 자밀라 씨에 대해 더 묻고 싶었다. 샤리프 씨에 대해, 그리고 또 다른 가족들에 대해 더 알고 싶었다. 하지만 평범한 로봇은 그런 질문을 하지 않을 것이다. 그래서 로즈는 조용히 통나무를 불 속으로 집어 넣을 뿐이었다.

오래된 외양간

오래전, 힐탑 농장은 지금과는 아주 다른 곳이었다. 그때 농부들은 채소밭과 과수원을 운영하며 닭이랑 양, 염소를 키웠다. 그 뒤로 농장은 크게 바뀌었지만, 여전히 과거의 흔적이 남아 있었다. 들판에는 낮은 돌담이 있었고, 잡초 덤불 속에 녹슨 트랙터가 있었다. 그리고 오래된 외양간이 우거진 나무에 가려져 있었다.

외양간은 오랫동안 방치되었다. 시간이 흐르면서 외양간 주변으로 나무들이 자라나고, 이끼가 지붕을 덮었다. 하지만 외양간은 여전히 튼튼했다. 로즈는 외양간 안을 들여다보기로 했다.

커다란 미닫이문이 끼익 소리를 내며 열렸다.

"안녕하세요? 혹시 누구 있어요?"

로봇이 어두운 외양간 안을 향해 말했다.

생쥐 한 마리가 찍찍거리며 지나갈 뿐 다른 소리는 들리지

않았다. 로즈는 안으로 들어가 헤드라이트를 켰다. 넓은 내부 공간에는 두꺼운 나무 들보들이 십자 모양을 이루고 있었다. 계단과 경사로가 이 층으로 이어졌다. 벽에는 등이 달려 있었고, 구식 농기구들이 여기저기 흩어져 있었다. 오랜 세월 아무도 살지 않았지만, 외양간에는 아직도 희미하게 가축 냄새가 남아 있었다.

작업대 위에 커다란 상자가 먼지로 뒤덮인 채 놓여 있었다. 로즈는 조심스럽게 뚜껑을 열고, 상자 속 물건들을 살펴보았다. 농업과 관련된 잡지들, 가죽 장갑 한 켤레, 몽당연필 하나, 그리고 작은 수첩 하나가 들어 있었다.

수첩 겉장에는 '사이러스 샤리프'라는 이름이 한껏 멋을 부린 글씨체로 쓰여 있었다. 수첩 안에는 손으로 쓴 메모와 도표들이 가득했다. 가축을 기르는 법, 작물을 재배하는 법, 외양간을 짓는 법, 기계와 가축을 이용해 농장을 운영하는 법 등이 빼곡하게 적혀 있었다.

사이러스 샤리프는 오랜 농업사에 대한 간단한 생각들도 적어 놓았다. 그는 인류의 발전이 고대에 먹을거리를 직접 기르면서 시작되었다고 믿었다. 원시적인 작은 농장이 마을을 먹여 살렸고, 마을이 점점 커지면서 도시가 생겨났다고. 통찰력 있는 글이었다.

로즈는 처음부터 끝까지 모두 읽었다. 다 읽고 난 다음에는 사이러스 샤리프가 샤리프 가문의 누굴 말하는지 모르지만, 마치 아는 사람처럼 느껴졌다. 수첩은 보물과도 같았다. 로즈는 수첩을 안전하게 보관하기 위해 공구 벨트 주머니에 넣어 두었다.

33

가을

가을빛이 시골 풍경을 물들였다. 여름의 무성한 초록빛이 사라지고, 그 자리에 빨간색과 갈색이 얼굴을 내밀었다.

농작물은 거두어지고, 나뭇잎은 떨어지고, 풍경은 황량한 회색으로 바뀌었다.

힐탑 농장의 소들은 목초지에서 아직 남아 있는 풀을 뜯고 있었다. 소몰이 기계가 그 주위를 돌아다녔고, 농작물 기계는 겨울을 준비했다.

드론은 하루에도 몇 번씩 농장을 돌았지만, 가을에는 관찰할 것이 많지 않았다.

자야와 재드는 학교생활로 바빴지만, 늘 로즈와 함께 시간을 보냈다. 여전히 섬에 사는 로봇 이야기를 좋아했고, 자기 이야기를 하는 것도 좋아했다.

꿀벌과 생쥐, 사슴, 개구리, 너구리, 다람쥐, 뱀은 추운 겨울을 대비하고 있었다. 새들도 마찬가지였다. 올빼미는 둥지를 고치고, 까마귀는 도토리를 모았다. 제비는 여전히 농장을 휙 휙 날아다녔지만 머지않아 떠날 것이다. 그리고 곧 남쪽으로 향해 가는 철새 무리를 보게 될 것이다.

기뻐하는 기러기들

한 기러기 무리가 힐탑 농장에 내려앉았다. 가장 먼저 이동을 시작한 무리였다. 기러기들은 연못을 헤엄치며 깃털을 고르고, 풀을 뜯어 먹었다. 그러다 로즈가 손을 흔들며 인사를 하자, 기러기들은 하던 일을 멈추었다.

로봇은 한 번 봤던 얼굴은 절대 잊지 않았다. 처음 보는 기러기 무리였다. 하지만 기러기들은 로즈를 아는 것 같았다. 로즈가 자기소개를 하기도 전에 우두머리 기러기가 말했다.

"당신이 로즈인가요?"

로봇은 기러기를 빤히 쳐다보았다.

"네, 맞아요."

"동물과 말할 수 있는 로봇이죠?"

물을 필요가 없는 질문이었지만 로즈는 정중하게 대답했다.

"그래요, 전 동물과 이야기할 수 있어요."

"혹시 기러기 아들이 있나요?"

"맞아요! 그 애 이름은 브라이트빌이에요."

로즈가 말했다.

"그 이야기가 사실이었군요!"

다른 기러기가 소리쳤다.

기러기들이 왁자지껄 떠들면서 로즈 앞으로 다가왔다. 소란이 가라앉자 우두머리 기러기가 말했다.

"소문을 들었어요. 동물과 대화를 하는 로봇이 있는데, 그 로봇에게는 기러기 아들이 있고, 지금은 어느 농장에 갇혀 있다고요. 터무니없다고 생각했는데, 정말 당신이 여기 있네요!"

기러기 무리는 무척 기뻐했다. 그들은 며칠 동안 농장에 머물렀다. 가끔 로즈가 연못에 오면 함께 수다를 떨었다. 그리고 겨울을 나기 위해 남쪽으로 다시 길을 떠났다.

다른 기러기 무리가 왔다가 떠나고, 또 다른 기러기 무리가 왔다. 기러기들은 유명한 로봇을 만나 기뻐했고, 로즈는 그들을 반갑게 맞아 주었다. 그렇게 이동하는 기러기 무리를 만나는 게 로즈의 가을 일상 중 하나가 되었다.

그러다 뒤늦게 이동하는 윙팁의 무리가 왔다. 그들이 연못에서 첨벙거리는 것을 본 로즈는 아들 소식을 들을 수 있을까 기대했다. 하지만 아쉽게도 그들은 해 줄 이야기가 없었다. 윙팁의 무리도 떠나고, 혼자 남은 로즈는 생각했다.

'브라이트빌을 다시 볼 수 있을까?'

기억

 로즈는 여전히 농장을 떠나 집으로 돌아가서 아들과 만나는 꿈을 꾸었다. 하지만 점점 그 꿈을 이룰 수 없을 것 같은 생각이 들었다. 로즈는 희망을 잃어가고 있었다. 이제 옛 삶은 잊고, 새 삶을 받아들일 때가 된 걸까?
 '잊어버리다.'
 로즈는 이 말 때문에 괴로웠다. 그녀의 컴퓨터 뇌는 섬에서 있었던 일들을 너무나 자세히 기억했다. 그곳으로 다시는 돌아갈 수 없을까 봐 불안했다. 로봇은 언제든지 기억을 지울 수 있었다. 아무 일도 없었던 것처럼 깨끗하게 지워버릴 수 있었다. 그렇게 하면 로즈가 느끼는 마음의 짐은 사라질 것이다. 하지만 기억이 없다면, 로즈의 존재도 의미가 없다. 로즈는 행복했던 옛 삶을 기억하고 싶었다. 그런데 곧 옛 삶에서 만났던 누군가가 나타날 참이었다.

36

남다른 기러기 무리

또 다른 기러기 무리가 농장으로 날아오고 있었다. 그런데 그들은 조금 이상했다. 다른 기러기들처럼 남쪽으로 날아가지 않고, 북쪽으로 거슬러 오고 있었다. 젊고 멋진 우두머리가 이끄는 기러기 무리는 완벽한 V자 대형으로 날았다.

기러기 무리는 농장을 한 바퀴 빙 돌더니, 외양간 앞에 우아하게 내려앉았다. 우두머리가 다른 기러기들과 귓속말을 주고받더니, 날개를 퍼덕거리며 외양간 안으로 들어갔다.

우두머리 기러기는 외양간 한가운데 있는 난간에 내려앉았다. 소들이 기러기를 쳐다보았다. 꽁지깃을 흔들며 기러기는 목청을 가다듬었다.

"저는 로즈라는 이름의 로봇을 찾고 있어요. 전 브라이트빌이고, 로봇의 아들이에요."

37

재회

소들이 이상했다. 흥분한 소들의 울음소리가 농장에 울려 퍼졌다. 로즈는 저녁 배달을 하는 우유 트럭을 내보내고, 무슨 소란인지 알아보려고 서둘러 외양간으로 갔다. 안으로 들어가자 소들이 한데 모여 있었다. 로봇이 지나가자 소들이 빙그레 웃었다.

그때 로즈의 눈에 보인 건

사랑하는 아들

브라이트빌이었다.

독자 여러분도 알다시피, 로봇은 감정을 느끼지 않는다. 하지만 그 순간, 외양간에 있는 누구도 로즈의 감정을 의심하지 않았다. 로즈는 달려가 아들을 두 팔로 안았다.

"브라이트빌! 정말 너 맞니?"

로즈가 외쳤다.

"저 맞아요!"

"대체 어떻게 날 찾은 거니?"

로즈가 물었다.

"엄마는 유명해요! 모두가 엄마 얘기를 했어요. 이곳에 잠깐 머물렀던 기러기 무리가 처음 엄마 얘길 해 주었어요. 그리고 그 이야기는 한 무리에서 다른 무리로, 북쪽에서 남쪽으로, 동쪽에서 서쪽으로 퍼졌고, 마침내 저도 듣게 되었죠. 저는 얘기를 듣자마자 출발했어요. 다른 기러기들에게 말도 하지 않고……"

"하지만 우리가 브라이트빌을 따라잡았지."

늙은 기러기 라우드윙이 퍼덕거리며 날아와, 어느 소의 등에 내려앉았다.

"로즈, 우리 모두 네가 보고 싶었으니까!"

다른 기러기들도 날아들었다. 로봇은 옛 친구와 가족에 둘러싸였다. 끼룩끼룩, 음매음매 외양간은 웃고 떠드는 소리로 요란했다. 그때 로봇만이 알아들을 수 있는 큰 목소리가 들렸다.

"로즈! 뭘 하는 거야?"

동물들이 조용해졌다. 로즈는 천천히 고개를 돌렸다. 자야와 재드가 문가에 서 있었다. 아이들은 모든 상황을 지켜보고 있었다.

진실

아이들은 몰래 숨는 걸 잘한다. 자야와 재드는 외양간에서 나는 시끄러운 소리에, 무슨 일인지 알아보기 위해 조용히 집을 빠져나왔다. 그리고 정말 이상한 장면을 보게 되었다. 소들이 한데 모여 있고, 그 가운데 로즈가 서 있었다. 그리고 어쩐 일인지 기러기들이 와 있는 데다, 로즈가 한 기러기를 안고 있었다. 그리고 가장 이상했던 건 로즈가 내는 동물 소리였다.

아이들은 몰래 다니는 걸 잘하는 만큼 똑똑하기도 하다. 자야와 재드는 금방 진실을 알아차렸다.

"섬에 사는 로봇 이야기는 자기 이야기였어."

재드가 여동생에게 말했다.

"로즈 팔에 안긴 저 기러기가 아들인가 봐."

자야가 오빠에게 말했다.

아이들은 로즈가 해 주었던 이야기를 다시 떠올렸다. 로봇과 섬, 야생 동물, 그리고 수많은 모험. 너무나 비현실인 이야기였다. 그게 모두 사실일까?

"맞아, 얘들아. 그 로봇 이야기는 내 이야기였어."

로즈가 슬픈 목소리로 말했다.

"그동안 솔직히 말하고 싶었어. 진심이야. 하지만 너희들이 겁먹을까 봐 두려웠어."

로즈는 자기 팔에 안긴 기러기를 소개했다.

"내 아들 브라이트빌이야."

아이들은 많은 장점을 가지고 있다는 걸 독자 여러분도 잘 알 것이다. 그들은 몰래 다니길 잘하고, 똑똑하고, 그리고 무엇보다 정이 많다. 아이들은 다른 이들과 세상을 배려할 줄 안다. 로즈와 브라이트빌을 바라보는 재드와 자야의 마음속에 측은함이 차올랐다.

"제발 너희 아빠에게 말하지 말아 줘. 나는 그냥 기계일 뿐이야. 진실을 알게 된다면 나를 공장으로 돌려보낼 거야. 그리고 나는 파괴되겠지. 너희는 옳다고 느끼는 일을 할 권리가 있어. 내 삶은 이제 너희들 손에 달렸어."

아이들은 서로 쳐다보며 웃음을 지었다.

"걱정하지 마, 로즈."

자야가 말했다.

"비밀 지켜 줄게."

재드가 말했다.

… 39

협력자

　자야와 재드는 엄마가 다시 돌아올 수 있다면 무슨 일이든 할 것이다. 그러니 브라이트빌과 로즈가 다시 만났을 때 어떤 심정일지 충분히 이해했다. 그리고 그들의 행복이 오래가지 않을 거라는 것도 알았다. 브라이트빌은 농장에서 살 수 없을 거고, 로즈는 자신의 진짜 모습을 다른 사람에게 보일 수 없다. 너무나 불공평했다.
　"로즈, 넌 집에 가야 해."
　자야가 말했다.
　"넌 네 가족과 친구들이랑 섬에서 살아야 해."
　재드가 말했다.
　"나도 고향에 가고 싶어. 하지만 너희 아빠는 날 보내주지 않을 거야."
　로즈가 말했다.
　"그냥 도망쳐! 나도 가출한 적이 있었는데 어렵지 않았어. 그런데 금세 배가 고파져서 집으로 돌아와 샌드위치를 먹었지."

자야가 말했다.

"너한테는 도망치는 게 쉬운 일이겠지만 나는 아니야. 샤리프 씨는 내 위치를 추적할 수 있어. 내가 도망치려 한다는 걸 알게 되면, 나한테 결함이 있다고 생각하고 공장으로 돌려보내 버릴 거야. 그럼 난 파괴되겠지."

불편한 질문이 자야의 마음속에 떠올랐다.

"로즈, 궁금한 게 있어. 오해하지 말고 들어."

자야가 말을 이었다.

"혹시 너한테 결함이 있어?"

"그런 소리 하지 마, 자야!"

오빠가 소리쳤다.

"아니야, 괜찮아. 나도 똑같은 질문을 자신에게 해 봤어. 내가 결함이 있다고 느끼지는 않아. 나는 조금…… 다를 뿐이야. 다른 게 결함이 있는 것과 같은 걸까?"

"아니, 그렇다면 우리 모두 결함이 있는 거겠지."

자야가 말했다.

"로즈, 넌 내 생명의 은인이야. 이제 내가 널 구해줄 거야."

재드가 굳은 결심을 한 듯 말했다.

"네 컴퓨터로는 농업에 관련된 정보밖에 찾을 수 없어. 검색은 우리가 할게. 분명히 안전하게 탈출할 방법이 있을 거야. 그런데 그걸 찾아내려면 시간이 좀 걸리겠다."

로봇은 아들과 잠시 대화를 나눴다. 그리고 말했다.

"브라이트빌은 곧 무리를 이끌고 겨울 서식지로 이동해야 해. 그렇지만 봄에 다시 돌아올 거야."

재드는 천천히 고개를 끄덕였다.

"그럼 그때까지 준비를 마쳐야겠네."

자야는 조금 걱정스러운 얼굴이었다.

"로즈, 농장에서 탈출한다고 해도 섬까지는 어떻게 갈 거야?"

"그건 브라이트빌과 내게 맡겨. 우리는 꼭 집으로 돌아갈 수 있을 거야. 난 우리 둘을 믿어. 그리고 너희 둘도 믿어."

본능

 재회의 시간은 쏜살같이 지나갔다. 로즈는 서둘러 일과를 끝냈고, 남은 시간을 기러기 무리와 함께 보냈다.
 기러기들은 칫챗과 비버 가족 등 섬에 사는 동물들 이야기를 들려주었다. 로즈는 로봇 공장과 샤리프 가족, 그리고 농장 생활에 관해 이야기했다.
 하지만 기러기들의 본능은 언제나 깨어 있었다. 따뜻한 겨울 서식지로 이동해야 한다는 본능.

어느 날 아침, 눈발이 날리는 걸 본 기러기들은 떠날 때가 왔다는 걸 알아차렸다.

기적 같은 힘이 로즈와 브라이트빌을 다시 만나게 해 주었지만 그들은 또 작별 인사를 해야만 했다. 기러기 무리가 목초지에 모였다. 로즈와 아이들, 그리고 소들이 마중을 나왔다. 아들은 엄마의 어깨 위로 날아올라 그녀의 얼굴을 날개로 감쌌다.

"봄에 돌아올게요. 그때 함께 집으로 돌아가요."

브라이트빌이 말했다.

"부디 조심해. 다시는 널 잃고 싶지 않구나."

로즈가 말했다.

"내가 지켜볼 테니 너무 걱정하지 마."

라우드윙이 웃으며 말했다.

기러기 무리가 로즈와 농장 친구들에게 작별 인사를 했다. 브라이트빌은 꽁지깃을 흔들면서 날개를 퍼덕거렸다. 그리고 무리를 이끌며 하늘로 날아올랐다.

겨울

로즈가 섬에 살 때 겨울은 너무나 길고 혹독했다. 하지만 힐탑 농장의 겨울은 그렇게 잔혹하지 않았다. 기온이 내려갔다가 다시 올랐다. 폭우가 왔다가 물러났다. 눈이 쌓였다가 녹아 사라졌다.

로즈는 농장의 봄을 준비하면서 겨울을 보냈다. 그녀는 자신이 떠난 뒤에도 농장이 잘 운영되길 바랐다. 기계를 정비하고, 묵힌 잡초 더미와 똥으로 거름을 만들고, 어느 밭에 어떤 씨앗을 뿌릴지 계획을 세웠다. 소들도 열심히 보살폈다. 모두 건강하고 행복하길 바랐다. 로즈는 필요한 물품 목록을 길게 작성했고, 샤리프 씨는 한꺼번에 많은 양을 주문했다.

  소몰이 기계가 건초 더미를 목초지에다 끌어다 놓았다. 소들이 그 주변에 모여 건초를 먹었다. 입김이 뽀얗게 뿜어져 나왔다. 몇몇 소는 젖이 말랐다. 그들은 다음 분만기가 올 때까지 젖을 짜낼 수 없을 것이다. 다른 소들은 평소처럼 하루에 두 번씩 착유실로 갔다. 병이 채워지고, 상자가 실리면, 트럭은 배달을 나갔다. 계절이 바뀌어도 농장은 변함없이 굴러갔다.

  학교가 끝나면 자야와 재드는 얼른 방으로 들어가 숙제를

했다. 숙제를 다 하고 난 뒤에는 비밀스럽게 조사를 시작했다. 아이들은 로즈를 안전하게 탈출시킬 방법을 찾기 위해, 로줌 로봇의 모양과 구조, 그리고 정비 방법을 조사했다. 정보를 찾는 건 쉽지 않았다. 하지만 아이들은 끈기가 있었다. 몇 주 뒤, 그들은 드디어 원하던 정보를 찾아냈다.

계획

자야가 착유실 문 옆의 버튼을 눌렀다. 문이 스르르 열리자, 오빠와 함께 안으로 들어갔다. 옅게 빛나는 파이프와 탱크들을 지나 로즈가 장비들을 청소하고 있는 곳으로 갔다.

"우리가 네 설계도를 찾아냈어. 너의 탈출을 도울 수 있을 것 같아."

자야가 말했다.

"문제는 네 전송기야. 거기서 전자 신호가 나와. 전송기를 없애면 추적당할 걱정 없이 언제든 도망칠 수 있을 거야."

재드가 말했다.

"전송기를 떼어 낼 수 있겠어?"

로즈가 물었다.

"아마도. 하지만 너를 열어서 살펴보기 전까지는 확실히 알 수 없어."

재드가 긴장된 듯 웃으며 말했다.

"늦은 밤에 해야 할 것 같아. 아빠가 주무실 때."

자야가 말했다.

"아무도 모르게 작업할 수 있는 곳을 찾아야 해."

재드가 턱을 만지며 말했다.

"버려진 외양간은 어떨까? 거긴 조용하고 사람들 눈에 띄지도 않을 거야. 오늘 밤에 작업할 수 있도록 내가 준비해 놓을게."

로즈가 말했다.

모두가 동의했고, 계획이 완성됐다.

수술

  한밤중, 아이들은 말똥말똥 눈을 뜬 채로 침대에 누워 아빠가 잠들기를 기다렸다. 샤리프 씨가 코를 골기 시작하자, 아이들은 살금살금 아빠의 침실을 지났다. 그리고 계단을 내려가 뒷문으로 나갔다.
  아이들은 농장을 가로질러 숲으로 갔다. 오래된 외양간이 어둑어둑한 풀밭 사이에 산처럼 솟아 있었다.
  살짝 열린 문틈으로 불빛이 새어 나왔다. 아이들은 안으로 들어가 문을 닫았다. 나무 난간과 계단을 지나 외양간 뒤쪽에 있는 경사로를 올라갔다. 벽에 걸린 전등이 탁자 위에 부드러운 불빛을 비추고 있었다. 그 뒤에 로봇이 서 있었다.
  "안녕? 얘들아. 우리 수술실 어때?"
  로즈가 말했다.
  "조금 어둡긴 하지만 괜찮을 것 같아."
  자야가 말했다.

재드가 주머니에서 컴퓨터를 꺼내 로즈의 설계도를 불러왔다. 재드는 걱정스러운 얼굴이었다.

"이런 일은 해본 적이 없어서······."

"그냥 최선을 다하면 돼. 내가 바라는 건 그것뿐이야."

로즈가 재드의 등을 토닥이며 말했다.

로봇은 공구 벨트를 풀어 난간 위에 걸쳐 놓고는 탁자 위에 누웠다. 수술을 시작할 때였다.

"준비됐어?"

자야가 로즈를 내려다보며 물었다.

"준비됐어!"

로즈가 자야를 올려다보며 대답했다.

자야는 로봇 머리를 더듬어, 뒤통수에 달린 단추를 눌렀다.

딸깍.

로즈의 몸에서 힘이 빠졌다.

낮게 윙윙거리는 소리가 멈췄다.

눈이 점차 검게 변했다.

재드는 숨을 깊게 들이쉬었다. 그런 다음 로봇의 머리를 잡고 빠질 때까지 비틀었다.

치익, 머리가 빠져나왔다. 머리가 끼여 있었던 움푹한 소켓 안에 또 다른 단추가 있었다. 자야가 단추를 누르자 로봇의 가슴이 열렸다. 아이들은 가슴 안쪽을 들여다보았다. 줄지어 달린 격자무늬 상자에 복잡하게 엉킨 전선이 연결되어 있었다. 로봇의 전자 부품들이었다.

"저게 전송기야."

재드가 말했다. 아이들은 조심스럽게 로봇의 가슴에 손을 넣은 다음, 상자와 전선을 떼어 내어 탁자 위에 놓았다.

"쉽네!"

자야가 웃으며 말했다.

"흠, 가만 보니 이게 전송기 같아."

재드가 다른 상자를 떼어 냈다. 자야가 거기에 딸린 전선을 들어냈다. 재드는 컴퓨터를 확인하며 말했다.

"이걸 옮겨야겠다."

또 다른 상자를 옮기는 재드의 이마에 땀방울이 흘러내렸다.

"잠깐, 우리 다시 시작해야 할 것 같아."

자야가 오빠를 밀어내고, 부품들을 로봇의 가슴에 다시 꽂기 시작했다.

"너 지금 잘못 꽂고 있잖아."

재드가 동생을 밀어내고, 부품들을 떼어 냈다.

독자 여러분은 어떨지 모르겠지만, 나는 조금 걱정스러웠다. 아이들도 마찬가지였다. 얼마 지나지 않아 로즈의 부품들이 탁자 위에 잔뜩 쌓였다. 어느 부품을 어디에 꽂아야 할지 전혀 알 수가 없었다.

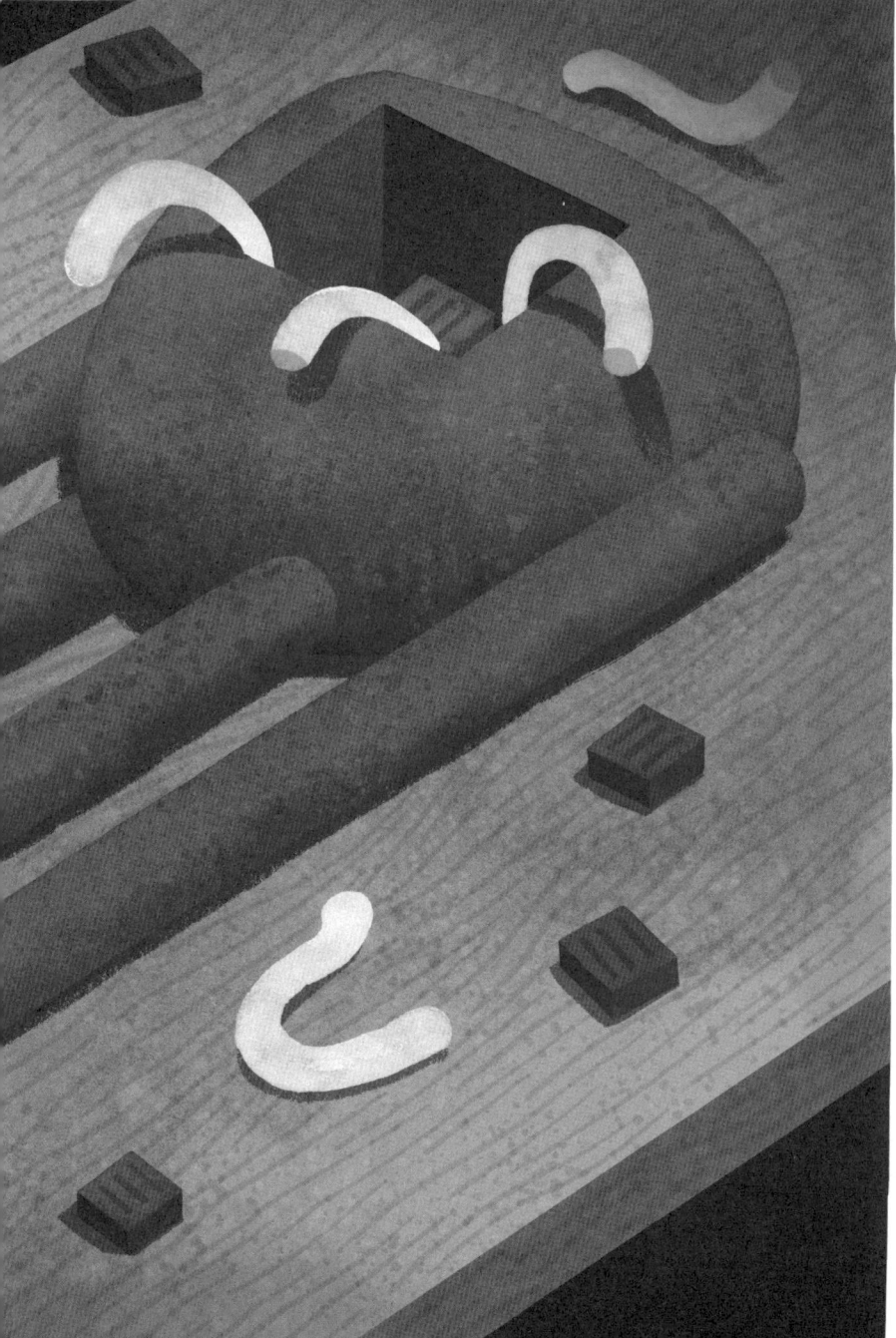

"왜 그렇게 상자를 많이 떼어 낸 거야?"

자야가 소리쳤다.

"왜 그렇게 전선을 많이 떼어 낸 거야?"

재드가 소리쳤다.

아이들은 티격태격했다.

그리고 한동안 조용히 앉아 있었다.

아이들은 지치고 짜증이 났다. 로즈가 다시 일어나지 못할까 봐 겁났다. 자야는 탁자에 털썩 기대며 천장을 올려다보았다. 희미하게 빛나는 전등이 눈에 들어왔다. 순간 자야에게 좋은 생각이 났다.

자야는 나무 난간 위로 올라가서, 고리에 걸려 있는 전등을 꺼내 들고 내려왔다. 자야가 불빛을 로즈에게 가까이 비추자, 부품에 조그맣게 새겨진 숫자들이 보였다.

아이들은 이제야 알겠다는 듯, 상자와 전선들을 제자리로 옮겨 로봇을 조립했다. 그리고 단추를 눌렀다.

딸깍.

로즈의 몸에 힘이 들어갔다.

윙윙거리는 소리가 들려왔다.

눈이 다시 빛나기 시작했다.

하지만 그녀는 아무 말도 하지 않았다.

"로즈, 괜찮아?"

재드가 말했다.

로즈가 자기 입을 손가락으로 가리켰다.

"말할 수 있겠어?"

자야가 말했다.

로즈는 고개를 저었다.

"말을 못 하잖아! 분명 뭔가를 잘못 끼워 넣은 거야!"

재드가 소리쳤다.

딸깍.

아이들은 로즈의 가슴을 열었다. 그리고 몇몇 부품을 다시 꽂은 다음 단추를 눌렀다.

딸깍.

작동이 되자 로즈가 말했다.

"얘들아, 이제 말은 할 수 있지만 움직일 수가 없어."

딸깍.

몇 시간 동안 시행착오가 계속되었다. 그러다 아침 햇살이 외양간에 스며들 때쯤, 드디어 수술이 마무리됐다.

로즈가 일어나서 몸 상태를 점검했다.

"너희들이 해냈구나! 전송기를 떼어 냈어! 정말 고마워."

"천만에."

자야가 하품을 하며 말했다.

재드는 컴퓨터를 확인했다.

"네 신호는 여전히 지도에 잡혀. 이 전송기는 아직 작동하니까 농장을 떠날 때까지 잘 가지고 있어."

재드는 작은 전자 장치를 로봇의 공구 벨트 주머니에 넣었다.

"얘들아, 나쁜 소식이 있어."

로즈가 심각한 말투로 말했다.

"너희들, 밤새 한숨도 못 잤지만, 둘 다 학교에 갈 준비를 해야 해."

참을성 있는 로봇

로즈는 거의 일 년 동안 힐탑 농장에 갇혀 있었다. 이제는 언제라도 도망갈 수 있었지만 브라이트빌의 안내 없이는 멀리 가지 못할 것이다. 그래서 로봇은 참을성 있게 봄이 오기를, 아들이 돌아오기를 기다렸다. 함께 고향으로 가는 긴 여행을 시작할 수 있을 때까지.

45

외양간에서의 대화

겨울은 길었고, 로즈는 소들과 더 많은 시간을 보내야 했다. 외양간 안은 조용했다. 소들은 건초를 씹었고, 로봇은 컴퓨터를 두드렸다. 바람이 불자 창문이 살짝 덜컹거렸다. 그때 누군가 말하기 시작했다. 그다음에 누군가 끼어들었고, 또 다른 소가 대화에 동참했다. 조용하던 외양간이 소들의 대화로 채워졌다.

"너무 지루해."

테스가 바닥을 내려다보며 말했다.

"봄이 빨리 왔으면 좋겠어. 신선한 풀밭에서 산책도 하고, 따뜻하게 내리쬐는 햇볕도 느끼고 싶단 말이야. 그 전에 지루해서 죽지만 않는다면 말이야!"

나이 많은 애너벨이 혀를 끌끌 찼다.

"요즘 젊은 소들은 정신머리가 없어. 너무 편하게 살아서 불평불만이 많다니까!"

테스가 눈알을 굴렸다.

"네네, 우리가 가진 것에 감사해야죠. 전에도 말씀하셨잖아요."

"맞아, 지금 네가 누리는 것에 감사해야 해! 난 다른 농장에서 살아 봐서 알아. 여긴 불평할 게 하나도 없어."

애너벨이 말했다.

테스는 궁금함을 참지 못하고 물었다.

"대체 다른 농장은 어땠는데요?"

"그 얘긴 안 하는 게 좋아. 난 그곳에서 정말 끔찍한 것들을 봤지. 이곳으로 온 게 얼마나 다행인지. 가끔 그곳에 남겨진 동물들을 생각하곤 해. 다들 잘 지냈으면 좋겠어."

늙은 소는 잠시 생각에 잠겼다. 그러다 나직하게 말했다.

"여기 생활이 완벽하지 않다는 건 알아. 하지만 여전히 감사할 것들이 많지. 소중한 친구들도 있고, 안락한 외양간도 있고 또……."

"로즈도 있죠."

테스가 말했다.

"맞아, 로즈도 있지."

애너벨이 구석에 있는 로봇을 바라보며 웃었다.

"로즈는 항상 우리 얘길 잘 들어주고, 사랑과 친절로 우릴 대해 주었어. 그 덕에 우리가 편안하게 지낼 수 있었지. 로즈가 떠나고 나면 분명 많이 그리울 거야."

"로즈, 사람은 왜 그렇게 많은 우유가 필요한 거죠?"
릴리가 물었다.
다른 송아지들도 로즈 앞에 몰려와 있었다. 송아지들이 늘 궁금해했던 것이었다.
"글쎄, 세상에는 사람이 수십억 명이나 있어. 사람들은 우유를 마시기도 하지만, 우유로 여러 식품을 만들기도 해"
로즈가 설명했다.
"어떤 식품이요?"
다른 송아지가 물었다.
"버터나 치즈, 요구르트 같은 것도 만들고, 디저트도 많이 만들어."
로즈가 말했다.
"디저트가 뭐예요?"
또 다른 송아지가 물었다.
"식사가 끝난 뒤에 먹는 달콤한 음식이야. 인기 있는 디저트로는 케이크와 커스터드, 아이스크림 같은 게 있어."
로즈가 이 말을 하자 더 많은 질문이 쏟아졌다.
"케이크가 뭐예요?"
"커스터드가 뭐예요?"

"아이스크림이 뭐예요?"

로즈는 최선을 다해 설명했지만 쉽지 않았다. 로봇은 음식을 먹는 방법조차 제대로 흉내 낼 수 없었다. 그러니 어떻게 디저트의 맛과 느낌을 전달할 수 있겠는가?

릴리가 끼어들었다.

"그냥 이것만 말해 줘요, 로즈. 우리가 어른이 되면 우리가 짜낸 우유로 디저트를 만든다는 거죠?"

"그래."

로즈가 말했다.

송아지들은 웃음을 지었다. 언젠가 자신들이 달콤하고 맛있는 음식을 세상에 내놓게 될 거라는 기대와 함께 송아지들은 흩어졌다.

"봄이 다가오고 있어요. 저는 곧 야생의 섬으로 가야 해요. 떠나는 건 미안하지만, 제가 가더라도 여러분이 잘 지낼 수 있도록 준비해 놓을게요. 약속해요."

로즈가 말했다.

그 말에 소들이 여기저기서 울어댔다.

"우리 걱정은 하지 말아요, 로즈."

"미안해할 필요 없어요."

"로즈가 왜 도망치는지 이해하니까요."

"난 절대 야생에서 살 수 없을 거예요. 너무 무서워요!"

릴리가 난간 사이로 고개를 내밀고 말했다.

"난 야생을 탐험하고 싶어요. 정말 흥미진진할 것 같아요."

테스가 말했다.

"내게 야생은 필요 없다오. 그저 조용하고 아늑한 삶이 좋아."

늙은 애너벨이 말했다.

"야생에는 무서운 게 많죠. 하지만 여긴 더 무서운 것들이 있어요. 사람들이 있는 곳에서는 진정한 내가 될 수 없어요. 그래서 난 집으로 돌아가야 해요."

로즈가 말을 이었다.

"이 모든 것을 혼자서 할 수 있다면 좋겠지만, 저는 도움이 필요해요. 아이들 없이는 농장에서 도망칠 수 없고, 아들 없이는 집으로 가는 길을 찾을 수 없죠. 그들에게 너무 많은 요구를 한 건 아닌지 미안할 뿐이에요."

"그렇게 생각하지 말아요. 브라이트빌과 아이들은 로즈를 돕고 싶어 하니까요. 그들은 로즈를 사랑해요! 우리도 마찬가지고요. 로즈가 없었다면 농장은 지금 같지 않을 거예요. 우리는 로즈가 옳은 일을 하고 있다는 걸 알아요."

릴리가 말했다.

소들이 조용히 고개를 끄덕였다.

봄

날이 갈수록 태양은 높아지고, 햇볕은 따뜻해졌다. 마지막 남은 눈도 녹아내려 목초지, 들판, 나무들이 연둣빛으로 바뀌었다. 신선한 봄의 향기가 가득했다.

소들의 몸집은 나날이 불어났다. 그리고 이제 송아지를 낳을 계절이 찾아왔다. 때가 되면 소들은 분만하기 위해 부드러운 풀밭으로 나갔다. 로즈는 도움이 필요할지 몰라 그들의 옆

을 지켰다. 하지만 도움을 요청하는 소는 없었다.

처음 송아지를 낳는 소들도 어떻게 해야 하는지 본능적으로 알았다. 얼마 지나지 않아 갓 태어난 송아지들이 농장을 돌아다녔다.

봄은 행복하고, 신나는 계절이었다. 하지만 로즈의 마음은 뒤숭숭했다. 날이 갈수록 하늘을 올려다보는 횟수가 늘었다. 브라이트빌과 기러기 무리가 오기를 기다렸다. 로즈는 그들이 오고 있다는 걸 알고 있었다.

저녁 식사

샤리프 씨가 쇼핑백을 잔뜩 든 채 트럭에서 내렸다. 샤리프 씨는 평소처럼 다리를 절며 집으로 향하다 그만 넘어졌다. 로즈가 달려왔다. 샤리프 씨가 진입로에 드러누워 있었고, 식료품들은 주위에 널브러져 있었다.

"괜찮아요?"

로즈가 샤리프 씨를 일으켰다.

"난 괜찮아."

샤리프 씨가 투덜거렸다.

로즈는 식료품들을 주워 들고 말했다.

"안으로 모셔다드릴게요."

잠시 뒤, 둘은 집 안으로 들어왔다. 재킷들과 모자들은 벽에 있는 고리에 걸려 있었다. 신발은 긴 의자 밑에 줄지어 놓여 있었다. 남자는 부츠를 벗으며 소리쳤다.

"애들아, 저녁 요리 할 시간이다!"

발소리가 쿵쿵나더니 아이들이 개와 함께 계단을 내려왔다.

"로즈도 우리와 저녁을 먹나요?"

자야가 말했다.

"로즈는 음식을 먹지 않아!"

재드가 말했다.

"나도 알아! 하지만 우리랑 같이 앉아 있을 수는 있잖아."

"어떠니, 로즈? 우리와 저녁 식사를 함께하겠니?"

로즈는 가족을 빤히 쳐다보았다.

가족은 로즈를 보며 웃었다.

"제가 어떻게 하면 좋겠어요?"

로즈가 말했다.

"우리의 저녁 식사에 함께한다면 무한한 영광이겠습니다."

재드가 말했다.

"로즈, 우리와 함께 저녁을 먹으렴. 명령이야!"

자야가 말했다.

아이들은 로즈의 대답을 기다리지 않고, 로즈에게서 식료품을 낚아채더니 부엌으로 뛰어갔다.

"그거 음식이야? 음식 냄새가 나! 나도 먹고 싶어!"

오스카가 아이들을 따라가며 짖었다.

로즈가 샤리프 씨를 따라 거실로 들어가자 나무 바닥이 삐걱거렸다. 스크린 앞에는 편안한 의자와 소파가 놓여 있었고,

벽난로 위에는 익숙한 외양간 그림이 걸려 있었다. 로즈는 샤리프 씨의 사무실을 슬쩍 들여다보았다.

가족사진이 있었다. 검은 곱슬머리에 미소를 띤 샤리프 부인은 아름다웠다. 아이들도 밝게 웃고 있었다.

"이것 봐요! 자야가 아기처럼 울고 있어요!"

재드의 킥킥대는 소리가 부엌에서 들려왔다. 로즈가 들어갔을 때 자야는 눈물을 흘리면서 양파를 썰고 있었다.

"로즈, 날 위해 양파를 썰어 줘. 명령이야!"

자야가 눈물을 훔치며 말했다.

로봇은 식칼을 들더니 순식간에 양파를 썰어서 그릇에 담았다. 로즈는 양파를 잘 썰도록 설계된 것이 분명했다.

"로즈, 오늘 밤은 쉬어도 좋다. 명령이다!"

샤리프 씨가 웃으며 말했다.

"아이들도 나도 요리하는 걸 좋아해!"

그들은 더 많은 채소를 썰었고, 냄비가 끓기 시작했다. 맛있는 냄새가 방안에 가득했다. 잠시 뒤, 멋진 저녁 식탁이 차려졌다. 모두 의자에 둘러앉았다. 오스카도 음식 부스러기를 주워 먹으려고 식탁 밑에 자리를 잡았다.

샤리프 씨가 자야에게 말했다.

"자야가 기도할까?"

자야는 고개를 숙였다.

"하느님, 맛있는 음식을 저희에게 주셔서 감사합니다. 아멘."

"고맙다, 자야."

샤리프 씨가 딸에게 윙크하며 말했다.

"로즈, 네게도 고맙다는 말을 하고 싶구나. 지난 일 년 동안 해 온 일에 대해서 말이다. 처음에는 확신이 서지 않았지. 하지만 지금은 너 없는 농장을 상상할 수가 없구나."

아이들은 서로를 쳐다보았다.

가족들은 나이프와 포크를 들고 저녁을 먹기 시작했다. 여러 가지 채소로 버무린 샐러드, 소스를 바른 아스파라거스, 보드랍게 으깬 감자, 버터 바른 빵, 그리고 큰 병에 담긴 우유. 식탁은 훌륭했다. 하지만 로즈는 구운 닭고기에 계속 눈이 갔다. 브라이트빌만 한 크기였다. 여러 질문이 로봇의 머리에 떠올랐다.

닭들은 행복한 삶을 살고 있을까? 이 닭은 먹힐 걸 알았을

까? 인간이 동물을 먹는 건 나쁜 걸까? 그러다 로즈는 생각했다. '아니, 다른 생물처럼 인간도 그들의 본능을 따르는 걸 거야. 감사 기도를 드리는 것으로, 또 훌륭한 요리를 차리는 것으로 이 동물에 대한 경의를 표했어.'

식사를 마친 뒤, 샤리프 씨는 바이올린과 활을 가지고 왔다.

"어렸을 때 난 음악가가 되고 싶었지."

샤리프 씨는 의자에 털썩 앉더니, 악기를 조율했다. 그리고 바이올린을 턱 밑에 끼우고는 연주를 시작했다.

활이 앞뒤로 미끄러져 움직이고, 손가락이 줄 위에서 춤을 추었다. 사랑스러운 옛 노래의 멜로디가 방안을 가득 메웠다. 연주는 부드럽게 진행되다가 거세지고, 느려졌다가 빨라졌다. 샤리프 씨는 발로 바닥을 두드리며 박자를 맞췄다. 한껏 고조된 상태에서 연주가 끝났다. 샤리프 씨가 조용히 바이올린을 무릎에 내려놓았다.

"이 악기는 우리와 오랫동안 함께했지. 사이러스 샤리프가 농장을 지은 이래로 말이야."

사이러스 샤리프.

로즈는 그 이름을 알고 있었다. 로즈가 공구 벨트 주머니에서 작은 수첩을 꺼냈다.

"버려진 외양간에서 이걸 발견했어요."

로즈는 수첩을 내밀었다. 샤리프 씨가 수첩을 받아들자, 아

아이들이 아빠 주위로 쪼르르 모여들었다. 그들은 표지에 적힌 선조의 이름을 읽고는 낡은 종이를 조심스럽게 넘겼다.

"처음 보는군. 이건 우리 가족의 역사야. 애들아, 옛날에 어떻게 우유를 짰는지 보렴……."

로즈는 조용히 방을 나왔다. 자신들의 역사를 새로이 발견한 샤리프 가족을 남겨 둔 채. 그들의 미래는 어떨까? 그들의 삶은 고단했다. 도움이 필요했다. 그런데 로즈는 도망치려 하고 있다. 외양간으로 돌아오면서 로즈는 걱정과 혼란스러움, 그리고 죄책감 같은 것을 느꼈다.

48

돌아온 기러기 무리

로즈가 느꼈던 걱정과 혼란스러움, 그리고 죄책감은 농장에 울려 퍼지는 아들의 목소리를 듣자마자 사라졌다.

"엄마, 우리가 돌아왔어요!"

기러기 무리가 날개를 퍼덕이며 미끄러지듯 내려왔고, 브라이트빌은 엄마의 어깨 위에 내려앉았다.

"우리가 브라이트빌을 잘 지켜보겠다고 했잖니!"

라우드윙이 말했다.

"모두 고마워요! 다시 보게 되어 정말 기뻐요."

로즈가 밝은 목소리로 말했다.

소들도 웃으면서 기러기 무리를 맞아 주었다. 서로 안부를 주고받는 사이, 로즈와 브라이트빌은 무리에서 살짝 빠져나왔다.

"계획이 뭐예요, 엄마?"

"간단해. 오늘 밤 어두워지면 농장에서 도망칠 거야. 그리고 너와 함께 고향으로 가는 여행을 시작해야지."

작별

그날 저녁은 슬픈 작별 인사로 가득했다. 첫 번째는 기러기 무리와 젊은 우두머리의 작별이었다. 다른 기러기들은 로즈와 브라이트빌을 돕고 싶어 했다. 하지만 여행은 위험할 것이고, 브라이트빌은 기러기 무리가 위험에 빠지는 걸 볼 수 없었다. 기러기들은 계속 나아가야 했다. 로즈와 브라이트빌이 서로 잘 돌볼 걸 알고 있었기에, 인사를 나누고 밤하늘로 날아올랐다.

다음은 로봇과 소들의 작별이었다. 밖에 소들이 모여 있었다. 로즈는 목초지로 나갔다.

"이제 떠나야 할 것 같아요. 그동안 친절하게 대해 줘서 정말 고마워요."

로즈가 말했다.

애너벨이 코를 훌쩍였다.

"헤어지는 건 정말 싫지만, 네가 고향으로 돌아가게 된 건

기쁘단다. 내가 널 위해 뭐라도 해 줄 수 있으면 좋으련만."
"사실 해 줄 수 있는 일이 있어요."
로즈가 공구 벨트 주머니에서 전송기를 꺼냈다.
"저 대신 이걸 갖고 계시면, 제가 도망간 걸 샤리프 씨가 알아차리는 데 며칠은 더 걸릴 거예요."
로즈가 전송기를 애너벨의 목줄 밑에 살며시 집어넣었다. 애너벨이 미소를 지었다.
릴리와 다른 송아지들이 로즈 주변으로 몰려들더니, 로즈의 다리에 얼굴을 비볐다. 모두 눈에 눈물이 그렁그렁했다. 테스는 분위기를 좀 띄워 보려고 했지만, 재미있는 말이 떠오르지 않았다.
다른 소들이 외쳤다.
"로즈, 당신이 그리울 거예요!"
"무사히 고향에 도착하길 빌게요!"
"우리를 잊지 말아요!"
로즈는 소들에게 손을 흔들고, 창고에 있는 농장 기계들과도 조용히 작별 인사를 했다. 그러고는 어깨에 브라이트빌을 앞히고, 아이들과 함께 찻길을 걸어 내려갔다.
마지막 작별 인사가 가장 힘들었다. 모두 아무 말 없이 걸었다. 은은하게 빛나는 달빛 아래, 파릇파릇 싹이 난 농작물들을 지나 농장의 가장자리까지 갔다. 로즈는 자야와 재드를 돌아보았다. 그리고 그들 너머로 보이는 농장 건물들을 바라보았다.

"떠나는 날을 대비해서 준비를 많이 해 놓았어. 한동안은 별 탈 없이 굴러갈 거야. 하지만 오래가지는 못할 거야."

"우리끼리도 잘 해낼 수 있어. 적어도 다른 로봇을 구할 때까지는. 예전 같지는 않겠지만 우리는 괜찮을 거야."

재드가 말했다.

"아빠한테는 뭐라고 할 거야?"

로즈가 말했다.

"그건 우리가 알아서 할게. 걱정하지 마. 넌 고향으로 돌아가는 거나 걱정해."

자야가 말했다.

로즈는 가슴에 묶여 있는 공구 벨트를 내려다보았다.

"이거 돌려 줄까?"

"아니!"

재드가 말했다.

"그건 널 위한 선물이었잖아!"

자야가 말했다.

자야는 오빠와 함께 로봇을 꼭 끌어안았다. 귀뚜라미 우는 소리와 함께 아이들의 울음소리가 들렸다.

"네가 집에 잘 갔는지 우리가 어떻게 알 수 있을까?"

재드가 말했다.

"네 이야기가 어떻게 끝나는지 알고 싶어!"

자야가 말했다.

로봇은 아들과 대화를 한 다음 아이들에게 말했다.

"만약 기러기가 농장을 찾아와 깃털 하나를 선물한다면, 내가 고향에 잘 도착했다는 뜻이야."

아이들은 눈물을 흘리면서도, 웃으려 노력하며 친구가 떠나기를 기다렸다. 하지만 로봇은 움직이지 않았다. 로즈는 그 무엇보다 고향에 돌아가고 싶은 마음이 컸다. 하지만 갈등이 생겼다. 그동안 돌보았던 농장과 가족을 외면하고 떠나야 하기 때문이다. 로즈는 앞으로 걸어갔다가 다시 돌아왔다. 그리고 앞으로 걸어갔다가 또 돌아왔다. 로즈의 컴퓨터 뇌가 여러 감정과 싸우고 있었다.

마침내 아이들은 로즈에게 필요한, 사려 깊은 명령을 했다.

"로즈, 우리에게서 어서 도망쳐! 명령이야!"

로봇은 명령을 수행했다.

자유

마침내 로즈는 자유를 찾았다. 하지만 힐탑 농장에서 벗어난 뒤로 왠지 자유를 느끼지 못했다. 오히려 무서운 느낌이 들었다. 누군가에게 들킬까 봐, 붙잡힐까 봐, 파괴될까 봐 겁났다. 아들이 위험해질까 두려웠다. 그래서 로즈는 위장한 채, 탁 트인 들판을 피해 숲으로 다녔다. 브라이트빌의 안내에 따라 조심스럽게 북쪽으로 향했다. 고향으로 돌아가는 와일드 로봇의 여행이 시작되었다.

51

비행선

해가 떠올랐고, 우리의 친구들은 계속 움직였다. 그들은 드넓은 밭 사이에 있는 좁은 숲을 따라 빠르게, 그리고 조용하게 이동했다. 발견될 걱정만 없었다면 즐거운 소풍이었을 것이다.

바람이 나뭇잎 사이로 속삭였다.

벌레들이 윙윙거리고 찍찍거렸다.

농장 기계들이 멀리서 덜컹거렸다.

그때 이상한 소리가 들렸다. 붕붕거리는 소리였다. 지평선에서 비행선 한 대가 솟아올랐고, 로즈와 브라이트빌은 덤불 속에 숨었다. 날렵한 삼각 모양의 하얀 비행선은 낮고 빠르게 날았다. 로즈가 시야를 조정하자, 익숙한 로봇들이 창밖을 내다보고 있었다. 레코 1, 레코 2, 레코 3은 섬에서 이미 파괴되었다.

어쩌면 이 로봇들은 레코 4, 레코 5, 레코 6인 걸까?

"힐탑 농장으로 가고 있어요."

브라이트빌이 말했다.

"우린 계속 움직여야 해."

로즈가 말했다.

비행선은 남쪽으로 사라졌고, 여행자들은 북쪽으로 더 빠르게 이동했다. 아주 길게 이어진 숲에는 다람쥐와 새, 마멋 등 친근한 동물들이 있었다. 하지만 로즈와 브라이트빌은 그들과 수다를 떨 시간이 없었다.

한참 뒤, 드디어 숲 끝에 다다랐다. 눈앞에는 바다처럼 드넓은 밀밭이 펼쳐졌다. 밀은 아직 어리고 푸르렀다. 바람에 밀밭이 파도처럼 일렁였다.

"엄마, 이제 어떻게 하죠?"

브라이트빌이 물었다.

"우린 계속 가야 해. 하지만 탁 트인 장소는 위험해. 저기 어딘가에 숲이 있을 거야."

"제가 한번 볼게요."

브라이트빌이 날아올랐다. 위로, 위로, 높이, 높이 올라가더니 날개를 쫙 펴고 빙빙 돌았다. 작은 점처럼 보이던 브라이트빌이 다시 엄마에게로 내려왔다.

"저쪽에 숲이 있어요. 하지만 멀어요. 빨리 가도 삼십 분은 걸릴 거예요."

"그럼 얼른 출발하는 게 좋겠구나."

로즈가 말했다.

우리의 친구들은 덤불에서 튀어나와 들판을 가로질렀다. 기러기는 로봇 옆에 붙어 날았다. 로즈는 진흙에 미끄러지지 않도록 조심하며 빠른 속도로 한참을 걸었다. 멀지 않은 곳에 나무들이 줄지어 서 있는 게 보였다.

브라이트빌이 갑자기 하늘 높이 올라갔다. 그러더니 다시 내려와 엄마에게 소리쳤다.

"비행선이 돌아와요!"

뒤쪽에서 작은 삼각형이 솟아올랐다. 삼각형은 빠르게 커졌다. 소리도 점점 가까워졌다. 그들에게 들킨다면, 로즈가 되찾은 자유와 삶은 끝날 것이다. 로즈는 그런 위험을 감수할 수 없었다.

"브라이트빌, 먼저 가렴!"

로즈는 소리치더니, 바닥으로 쓰러졌다.

브라이트빌은 엄마한테 무슨 생각이 있을 거라고 기대하며 일단 혼자 날아갔다. 숲에 다다른 브라이트빌은 나뭇가지에 걸터앉아 뒤를 돌아보았다. 엄마는 사라지고 없었다. 비행선이 하늘을 다 채울 듯이 거대하게 다가왔다. 로즈가 있었던 곳 위로 비행선 그림자가 지나갔다. 하지만 비행선은 로즈를 보지 못했다. 그녀의 전자 신호도 감지하지 못했다. 비행선은 계속 나아갔다. 엔진 소리가 점점 희미해지더니, 북쪽으로 완전히 사라졌다.

"엄마, 이제 나와도 돼요!"

브라이트빌이 소리쳤다.

밀 한 다발이 우뚝 일어섰다. 로즈가 급히 위장한 것이다. 로즈가 걷기 시작하자 몸에 붙어 있던 밀 다발이 우수수 떨어졌다. 숲에 다다른 로즈는 브라이트빌을 올려다보며 말했다.

"계속 움직여야 해."

52

정찰

비행선은 다시 돌아올까? 레코들은 로즈를 쫓고 있는 걸까? 로즈가 잡히는 건 이제 시간문제일까? 알 수 없었다. 그래서 우리의 친구들은 골치 아픈 문제들에 대해서는 걱정하지 않으려고 애썼다. 그들은 숲에서 숲으로 이동하며 은밀하게 논밭을 가로질렀다.

로즈는 진흙과 잡초와 나무껍질로 위장했다. 문제가 생길 것 같으면 그 자리에 딱 멈춰 서서 오래된 나무 기둥처럼 행동했다. 그리고 브라이트빌이 움직여도 된다고 말할 때까지 기다렸다. 만약 사람이나 로봇이 가까이 있다면, 로즈는 몇 시간이고 그렇게 서 있어야 할 것이다.

섬에 있었을 때 브라이트빌은 매나 올빼미, 참새, 독수리처럼 나는 연습을 했다. 물론 그들과 똑같이 날 수는 없었지만 온갖 기술을 습득했다. 아래로 내리꽂기, 휙 내려앉기, 잽싸게 날기, 바람 타고 날기. 이제 브라이트빌은 이 기술들을 정찰하

는 데 이용했다. 로즈의 어깨에 앉아 있던 브라이트빌은 자주 날아올랐고, 자기가 발견한 걸 알려주기 위해 다시 내려왔다.

"농가가 가까이 있어요. 들판을 가로질러 피해 가는 게 좋겠어요."

"이 숲 끝에는 고속도로가 있어요. 여기 잠시 계세요. 건너가도 괜찮을 때 알려드릴게요."

"바로 앞에 작은 마을이 있어요. 돌아가는 길로 이끌어 드릴게요."

브라이트빌의 조언은 언제나 적절했고, 로즈는 아들의 말을 잘 따랐다. 그렇게 여행자들은 안전하게 농장 지역을 지나고 있었다.

농장 지역

여행을 하는 동안 엄마와 아들은 상상할 수 있는 온갖 종류의 농장을 지나쳤다. 어떤 농장은 드넓은 들판과 과수원에서 작물을 재배했고, 어떤 농장은 희미한 불빛이 깜박이는 큰 온실에서 작물을 재배했다.

어떤 농장의 동물들은 탁 트인 목초지에서 풀을 뜯었고, 어떤 농장의 동물들은 작은 울타리에 갇혀 있었다.

어떤 농장에는 구식 외양간과 창고가, 어떤 농장에는 동물 없이 고기, 달걀, 우유를 만드는 첨단 실험실이 있었다.

인간이 식량을 생산하는 방법은 끝이 없는 것 같았다.

농장은 일꾼 로봇들로 가득했다. 로즈는 그곳을 조심스럽게 지나며 로봇들을 몰래 훔쳐보았다.

그들은 농작물을 가꾸고, 기계를 작동시키고, 가축을 돌보았다. 태양 아래 반짝이는 몸에서 열기가 어른거렸다.

힐탑 농장에서 일하던 로즈도 이렇게 보였을 것이다. 이들

중 로즈와 비슷한 로봇도 있을까? 로즈처럼 조용히 탈출을 꿈꾸는 로봇이 있을까? 아니면 모두 자기 자리에서 만족하는, 아무 생각 없는 기계들일 뿐일까?

54

산

농장 지역의 넓은 평야는 서서히 언덕과 계곡으로 바뀌었다. 논밭은 줄어들고, 숲이 우거졌다. 언덕은 더 높아졌고, 계곡은 더 깊어졌다. 농장은 완전히 사라졌다. 우리의 친구들이 산에 다다른 것이다.

로즈가 경사면을 오를 때, 브라이트빌은 바람을 타고 날았다. 그들은 거친 바위산과 쏟아지는 폭포와 꽃이 만발한 초원을 지났다. 로봇은 속도를 늦추거나 멈추지 않고 계속 나아갈 수 있었지만, 기러기는 휴식이 필요했다.

별이 뜨면 그들은 안전한 장소를 찾아 밤을 보냈다. 고도가 높은 지역이라 서리가 내렸다. 로즈는 공구 벨트에서 라이터를 꺼내 모닥불을 피웠다. 아들을 위해서였다. 타닥타닥 타는 모닥불 옆에 앉아, 브라이트빌이 잠들 때까지 섬에서의 생활을 떠올렸다. 아침 해가 뜨면 그들은 지난밤의 흔적을 지운 뒤 더 깊은 산속으로 들어갔다.

독수리들이 삐죽삐죽 솟은 절벽 위에 앉아 있었다.
물고기가 콸콸 흐르는 개울에서 팀벙거렸다.
다람쥐들이 빽빽한 덤불 아래에서 다투었다.
야생으로 돌아온 게 기분 좋았다. 하지만 그곳은 고향이 아니었다. 여행자들은 속도를 늦추지 않았다. 로즈는 주변 환경에 맞게 위장했다. 숲에서는 나뭇잎과 나무껍질을 걸쳤고, 초원에서는 풀과 야생화를 걸쳤다. 바위가 많은 곳에서는 진흙과 잡초를 걸쳤다. 심지어 황야에서도 눈에 띄지 않고 싶어 했다. 하지만 자신이 이미 감시당하고 있다는 사실을 로즈는 알지 못했다.

55

공격

넓은 초원은 로봇을 긴장시켰다. 그곳은 노출되기 쉬웠다. 위장이 도움되긴 했지만, 야생화 덤불이 움직이는 것은 쉽게 눈에 띄었다. 게다가 기러기가 같이 있었다. 결국 초원을 지나다 성가신 사건을 맞닥뜨렸다.

로즈는 이상한 움직임을 포착했다. 뒤를 돌아봤지만 풀잎이 바람에 흔들릴 뿐이었다. 나뭇가지 하나가 부러졌지만 멀리서 나는 천둥소리에 묻혔다. 그러다 바람의 방향이 바뀌고 사향 냄새가 나자 로즈는 위험을 감지했다.

"늑대가 가까이 있어."

로즈가 속삭였다.

브라이트빌은 눈이 휘둥그레졌다.

"어떡하죠?"

로즈가 대답도 하기 전에 늑대 두 마리가 덤불에서 뛰어나왔다. 그들은 으르렁거리며 달려들어 로즈를 물어뜯었다. 로즈는 아들을 위로 던져 날아갈 수 있게 한 다음, 마구 달리기 시작했다. 늑대들을 떼어 내려고 풀밭을 지그재그로 가로질렀다. 하지만 부드러운 흙바닥을 지날 때 결국 로즈는 넘어지고 말았다.

늑대들은 재빨리 사냥감을 에워쌌다. 머리를 낮추고 귀를 잔뜩 뒤로 붙인 채, 이빨을 드러내며 으르렁거렸다.

"우리 기억나, 로즈?"

흉터가 있는 커다란 수컷이 말했다.

"다시 보네, 섀도우. 그리고 넌 바브지?"

로즈가 천천히 일어나며 말했다.

"기억력이 좋군."

바브가 말했다.

"사실 내 기억력은 완벽해."

로즈가 말했다.

"하지만 소총을 잊었군. 총이 없으면 넌 별 볼 일 없잖아, 안 그래?"

섀도우가 비웃으며 말했다.

바브는 코를 킁킁거렸다.

"네 애완동물은 어디 있어?"

바브는 키 큰 나무에 앉아 있는 브라이트빌을 발견했다.

"애완동물이 아니야. 내 아들이지."

로즈가 말했다.

"로봇 엄마와 기러기 아들 이야기는 우리도 들었어. 아주 감동적이야."

섀도우가 낄낄거렸다.

"브라이트빌, 이리 오렴! 가까이서 보고 싶으니까!"

섀도우가 돌아서서 외쳤다.

"그대로 있어, 브라이트빌! 늑대들은 내가 맡을 테니!"

로즈가 소리쳤다.

"네가 우리를 맡는다고? 아니, 바브가 널 맡을 거야."

섀도우가 으르렁거렸다.

로봇의 컴퓨터 뇌가 계획을 세우려고 윙윙거렸다. 늑대들이 서서히 다가왔다. 곧 공격할 것이다. 뭐라도 해야 했다. 로즈는 시간을 끌기로 했다.

"섀도우, 바브, 너희 둘밖에 없는 거야?"

로즈는 주변을 훑어보았다. 다른 늑대는 보이지 않았다.
"네 무리는 다 어디 갔어?"
흠, 별로 좋은 질문은 아니었다. 섀도우는 털을 곤두세운 채 으르렁거렸다.
"그래, 이제 우리 둘밖에 없어!"
늑대들이 덤벼들었다.
하지만 로즈는 그곳에 없었다. 로즈는 있는 힘을 다해 뛰어올랐다. 길고 우아한 곡선을 그리며 풀밭에 쿵 내려앉았다. 그리고 아들이 있는 쪽을 향해 다시 뛰어올랐다.
처음에 늑대들은 로봇의 신기한 탈출 방법에 당황했다. 하지만 그들은 사냥 전문가였다. 로즈가 어디에 내려앉는지 지켜보면서 로즈를 쫓았다. 그리고 로즈가 브라이트빌이 앉아 있는 나무를 향해 마지막 도약을 할 때 앞발로 로즈를 후려쳤다. 로즈는 균형을 잃고 날아가 나무 기둥에 부딪혔다. 나뭇잎이 우수수 떨어지고, 죽은 나뭇가지들이 부서져 내렸다. 하지만 로즈는 기둥에 단단히 붙어 있었다.

"엄마, 괜찮아요?"

기러기가 엄마 옆에서 날개를 퍼덕이며 물었다.

"조금 긁힌 것뿐이야."

로즈는 튼튼한 나뭇가지 위로 올라갔다.

나무 아래에서 늑대들이 비웃었다.

"제법이야, 로즈! 하지만 우릴 따돌릴 수는 없을 거야. 뒤쫓는 건 우리 전문이니까."

"이건 시간 낭비야. 너희들은 날 먹을 수도 없고, 내 아들을 잡을 수도 없을 테니까."

로즈가 말했다.

"네가 아직 뭘 모르나 본데, 난 먹으려고 널 사냥하는 게 아니야. 복수하려는 거지."

섀도우가 으르렁거렸다.

56

횃불

로봇은 나무 위에 갇혔다. 늑대들은 나무를 떠나지 않았다. 로즈는 나뭇가지에 앉아 어떻게 탈출할까 고민했다. 브라이트빌은 언제라도 날아갈 수 있지만, 로즈는 언젠가는 나무에서 내려가야 했다. 그때 늑대들은 공격해 올 것이다.

섀도우와 바브는 나무 그늘에 엎드려서 털을 핥으며 산 공기를 맡고 있었다. 늑대들은 평온해 보였지만 둘 사이에는 긴장감이 감돌았다.

"배고파. 토끼나 사슴을 먹고 싶어. 아니면 농장으로 돌아가 가축을 잡아먹거나. 뭐가 되었든 먹지도 못하는 걸 사냥하는 것보단 나을 거야."

바브가 그르렁거렸다.

"먹고 싶은 동물은 얼마든지 먹어. 단, 저 로봇을 죽이고 난 뒤에 말이야."

섀도우가 말했다.

바브는 투덜거렸다. 섀도우가 왜 복수하려는지 이해할 수 없었다. 하지만 자기 짝에게 충실하기로 했다.

밤이 되자 늑대들은 하품을 하기 시작했다. 바브의 눈꺼풀은 무거워졌고, 섀도우의 몸도 늘어졌다. 귀뚜라미의 자장가가 울려 퍼지자 그들은 잠에 빠져들었다.

잠든 늑대를 보면서 로즈는 섬에서 보냈던 긴 겨울밤이 생각났다. 야생 동물들은 따뜻한 로즈의 둥지로 모여들었다. 그리고 그들이 처음 불을 보았을 때 놀랐던 표정도 기억났다. 로즈는 좋은 생각이 떠올랐다.

로즈는 조용히 마른 나뭇가지를 꺾었다. 그리고 공구 벨트에서 라이터를 꺼내 불을 붙였다.

그런 다음

나뭇가지를

바닥으로

떨어뜨렸다.

놀라 잠이 깬 섀도우와 바브는 온 세상이 주홍빛으로 물든 걸 발견했다. 그 불빛 위에 악마처럼 보이는 로봇이 있었다. 로봇은 이글거리는 눈으로 으르렁거렸다. 로봇의 손에는 횃불이 들려 있었다. 불꽃이 타오르고, 불씨들이 흩날렸다.

늑대들은 불을 본 적이 없었다. 불은 아름다우면서도 무서웠다. 늑대들은 본능적으로 소용돌이치는 빛 덩어리가 위험하다는 걸 알아차렸다. 도망가야 한다는 걸 느꼈다.

   로즈가 늑대들에게 달려들자, 그들은 후다닥 달아났다. 바브는 비명을 질렀고, 새도우는 낮게 낑낑거렸다. 둘은 있는 힘껏 도망쳤다.

57

우박

동이 트자 로즈는 브라이트빌을 톡톡 두드려 깨웠다. 둘은 북쪽으로 여행을 계속했다. 로즈가 걸을 때 브라이트빌은 엄마의 어깨에 앉아 있었다.

브라이트빌은 늑대가 따라오지 않을까 불안한 마음으로 주변을 살폈지만, 늑대들은 가고 없었다. 그러나 새로운 문제가 그들에게 닥쳤다.

산속 날씨는 변덕스러웠다. 화창하다가도 바람이 불고, 안개가 끼고, 진눈깨비가 날리기 일쑤였다. 가끔은 눈이 오기도 했다. 우리의 친구들은 날씨가 나쁠 거라고 예상했지만, 폭풍우가 계곡을 휩쓸기 시작한 걸 처음에는 알아차리지 못했다. 그런데 이번 비에는 이상한 점이 있었다.

브라이트빌이 다가오는 폭풍우를 곁눈질하며 말했다.

"비가 왜 바닥에서 튀어 오르는 거죠?"

튀어 오르는 비라니? 이상했다. 로즈는 컴퓨터 뇌를 가동해

알맞은 단어를 찾아냈다.

"저건 비가 아니라 우박이야."

로즈가 말했다.

땡!

우박이 로즈의 가슴을 맞고 튕겨 나갔다. 또 다른 우박이 풀 속으로 휙 떨어졌다. 곧이어 우박이 퍼붓기 시작했다. 잎이 찢어지고, 나뭇가지가 쪼개졌다. 바위와 나무뿌리에 떨어진 후 튕겨 나온 우박이 여기저기 날아다녔다. 꽃과 덤불이 쓰러졌다.

로봇에게 우박은 성가신 정도였지만, 기러기에게는 치명적이었다. 그 순간 어깨에 우박을 맞은 브라이트빌이 바닥으로 곤두박질쳤다.

로즈는 브라이트빌을 가슴에 안고 허리를 숙여 가려 주었다. 하지만 서둘러 몸을 피할 곳을 찾지 못한다면, 가엾은 브라이트빌은 죽을 수도 있었다.

로봇은 눈에 불을 켜고 주변을 살폈다. 계곡 저편에 오두막이 하나 보였다. 구불거리는 강 맞은편에 있었다. 오두막은 낡고 초라했지만 다행히 지붕이 있었다. 우리 친구들에게 가장 필요한 것이었다.

로즈는 아들을 꼭 끌어안고 미친 듯이 뛰었다. 커다란 우박이 풀밭에 툭툭 떨어졌다. 진흙 속에 철벅철벅 처박혔다. 로봇에 부딪혀 땡, 땡 소리를 냈다. 안타깝게도 로즈에게서 튕겨 나온 우박을 맞은 브라이트빌이 신음했다.

로즈는 휙 몸을 날려 단번에 강을 건넜다. 그리고 그대로 내달렸다. 우박이 오두막 지붕을 때리는 소리가 더 가까이 들려왔다. 로즈는 현관문으로 달려가 손잡이를 돌린 다음 안으로 들어갔다.

58

오두막

 짧은 시간이었지만 우박은 무지막지했다. 얼음 덩어리인 우박은 빠르게 녹아 사라졌지만, 흔적은 선명하게 남겼다. 찢긴 잎사귀와 꽃이 어지럽게 나뒹굴었고, 다친 동물들이 절뚝거리며 집으로 돌아갔다. 운이 나빴던 새 몇 마리는 풀밭에 널브러져 있었다.
 로즈는 오두막 안에서 창밖을 내다보고 있었다. 멍든 브라이트의 몸을 낡은 담요로 감싼 채 품에 안고 있었다. 로즈는 동물을 돌보는 방법을 훤히 알고 있었다. 하지만 브라이트빌에게 필요한 건 시간이었다. 상처가 스스로 아물 시간.
 "엄마, 먼저 가세요. 몸이 나아지면 제가 따라잡을게요."
 브라이트빌이 힘없는 목소리로 말했다.
 "말도 안 되는 소리야. 다친 아들을 두고 떠나는 엄마가 어디 있니?"
 "하지만 엄마……."

"말은 그만하고, 좀 쉬렴."

로즈가 말했다.

브라이트빌은 반박하려 했지만, 금세 곯아떨어졌다.

오두막은 소박했다. 나무 난로가 있는 네모난 방이었다. 탁자 하나, 의자 두 개, 구석에 더러운 간이침대 몇 개가 있었다. 벽에 달린 선반에는 먼지 쌓인 컵과 그릇이 놓여 있었다. 그것 말고는 별다른 게 없었다. 오랫동안 사람이 오지 않은 게 분명했다. 하지만 다른 생물이 사는 것 같았다. 오두막 안은 악취가 심했다. 배설물이 여기저기 흩어져 있고, 바닥에 난 구멍 주변에는 발자국 같은 게 보였다.

로즈는 구멍을 들여다보며 동물의 언어로 말했다.

"여보세요? 거기 누구 있어요?"

어둠 속에서 뭔가가 움직이더니 반짝이는 두 눈이 위를 올려다보았다.

"당신은 누구요? 난 당신을 초대한 적이 없는데 말이오!"

"불쑥 들어와서 미안해요. 아들과 저는 우박을 피하려고 했을 뿐이에요."

"당신 아들이라고? 품에 안은 게 아들이오? 어디 봅시다."

로봇은 조심스럽게 담요를 들어올리고, 잠자는 기러기를 보여주었다.

"아빠를 닮았나보군."

"입양한 아들이에요. 전 로즈라고 해요. 아들의 이름은 브라이트빌이고요."

구멍 아래 있던 동물은 흥분해서 눈을 깜빡이며 꽥꽥거렸다.

"로즈와 브라이트빌이라고? 몇 달 동안이나 새들이 당신 이야기를 했소. 당신은 살아 있는 전설이오!"

"정확히 말하자면 저는 살아 있지 않아요."

로즈가 말했다.

"내가 보기에는 생생히 살아 있는 것 같구려. 아무튼 만나서 반갑소. 난 스프링클스라고 하오."

스프링클스는 구멍을 통해 바닥으로 올라왔다. 온몸이 검은 털로 뒤덮여 있었는데, 등에는 하얀 줄무늬가 있었다. 스프링클스는 스컹크였다. 로즈는 스컹크를 쳐다보다가 살짝 뒤로 물러났다.

스프링클스는 얼굴을 찌푸렸다.

"로즈, 스컹크는 긴장할 때 지독한 냄새를 풍긴다오."

"지금 긴장되세요?"

"그런 것 같소. 하지만 기분 좋은 긴장이라오. 만나게 돼서 정말 영광이오. 어서 이리 와서 어떻게 여기까지 오게 되었는지 말해 주시오."

스프링클스는 탁자 위로 올라가서 로즈의 이야기를 들었다. 로즈가 말하는 동안 스프링클스는 예의 바르게 고개를 끄덕이면서 '맙소사!', '정말이오?', '설마!' 같은 감탄사를 내뱉었다.

한참 그러고 있는데 브라이트빌이 뒤척였다.

"엄마, 목말라요."

브라이트빌이 말했다.

"오두막 뒤편에 개울이 있지만, 도움이 될지 모르겠소."

스프링클스는 선반 위에 있는 그릇을 가리켰다.

"마음대로 쓰시오. 이제 여긴 당신 집이나 마찬가지니."

알고 보니 스컹크는 꽤 친절했다. 그는 로즈에게 원하는 만큼 오두막에 머물러도 좋다고 말했고, 둘은 브라이트빌이 회복될 때까지 그곳에서 지냈다. 아들은 잠을 많이 잤고, 엄마는 아들에게 물과 음식을 가져다주었다. 스컹크는 두 손님이 편안하게 지낼 수 있도록 신경 써 주었다.

며칠 뒤, 창문을 통해 들어온 아침 햇살에 브라이트빌이 잠에서 깼다. 끼룩거리며 일어난 기러기는 뒤뚱거리며 걷더니 푸드덕 날아올랐다. 브라이트빌의 상처는 모두 아물었고, 여행할 준비가 되었다.

"그동안 고마웠어요, 스프링클스!"

로즈는 아들을 어깨에 올린 채 오두막을 나서면서 말했다.

"도울 수 있어서 기뻤다오! 우리처럼 오해받기 쉬운 생물은 서로서로 도와야지요!"

낯선 황무지

흐린 날이 또 찾아왔다. 먹구름 사이로 한 줄기 햇빛이 스포트라이트처럼 새어 나왔다. 울퉁불퉁한 산허리를 지나던 햇빛이 로즈와 브라이트빌에게 내리쬐었다. 둘은 잠시 따뜻한 볕을 즐겼다. 그러나 조각 같은 햇빛은 계속 이동했다. 계곡을 미끄러지듯 지난 햇빛은 낯선 공업 지대를 비추었다. 나무들 사이에 커다란 상자 모양 구조물들이 자리 잡고 있었다. 건물 벽에는 부서진 계단이 붙어 있었고, 경사로와 관들이 바닥에 있는 구멍에서 비스듬히 나와 있었다. 로봇은 컴퓨터 뇌로 그곳이 버려진 탄광이라는 것을 알아냈다.

낯선 종류의 황무지였다. 산맥 여기저기에 인간이 남긴 유령 같은 흔적들이 흩어져 있었다. 잡초가 웃자란 철길, 녹슨 자동차들, 산꼭대기에 있는 호리호리한 탑들, '무단 침입 금지', '사냥 금지' 같은 글자가 흐릿하게 남은 표지판들. 인간은 한때 이런 야생에서 살면서 일했지만, 지금은 모든 것을 남기고 떠났다.

하지만 여전히 곳곳에서 움직임은 계속됐다. 로봇들이 인간을 대신해 움직이고 있었다. 그들은 체계적으로 굴을 파고, 댐을 건설하고, 광산 작업을 했다. 버려진 건물을 무너뜨리고, 잔해를 트럭에 실어서 치웠다. 로즈는 이 일꾼 로봇들이 궁금했지만, 안전거리를 유지하면서 갈 길을 갔다.

사냥꾼

탕!

총소리가 울려 퍼졌다. 이런 외딴곳까지 들어오는 사냥꾼은 많지 않았다. 그러니 여기까지 온 사냥꾼들은 제법 열정적인 사람들인 게 분명했다. 그들은 야영을 하고, 위장을 하고, 재미삼아 구식 소총을 쏘았다.

탕!

정말이지 로즈와 브라이트빌은 사냥꾼들을 피하고 싶었다. 하지만 그건 쉬운 일이 아니었다. 나무가 빽빽하고, 덤불이 엉망으로 얽혀 있어서 로즈와 브라이트빌은 사슴들이 다니는 길로 갈 수밖에 없었다. 언제 어디서 총알이 날아올지 몰랐다.

탕!

총소리가 점점 커졌다. 로즈는 들킬까 봐 속도를 늦추었다. 재잘거리던 숲속 동물들도 조용해졌다.

탕!

총알이 덤불 사이로 휙 지나갔고, 사슴 한 마리가 후다닥 달아났다. 그와 동시에 새들도 푸드덕 날아올랐다. 그 새들 중 하나는 브라이트빌이었다. 겁에 질린 젊은 기러기가 나뭇가지 위로 날아갈 때 사냥꾼 두 명이 나타났다.

"기러기가 이런 산에 혼자 있다니! 게다가 저 나무에서 뭘 하는 거야?"

행크가 브라이트빌을 쳐다보며 말했다.

"무슨 문제가 있나 봐. 자네가 저 기러기를 불행에서 벗어나게 해 주게."

미겔이 말했다.

행크가 소총을 장전했다.

"사슴을 사냥하러 왔지만, 기러기도 저녁밥으로 괜찮지."

사냥꾼들이 우리처럼 브라이트빌을 알았다면, 브라이트빌을 사냥감으로 삼지 않았을 것이다. 하지만 그들에게 브라이트빌은 그저 흔한 기러기 중 하나였고, 끼닛거리였다. 게다가 사냥꾼들은 배가 고팠다.

사냥꾼이 소총을 들어올렸다.

그리고 심호흡을 했다.

손가락이 방아쇠에 닿았다.

그런데 갑자기 바닥에서 세찬 바람이 불어왔다. 아니, 바람이 아니었다. 발걸음 소리다!

무언가가 사냥꾼을 향해 쿵쿵거리며 달려왔다. 그게 뭐였든지 간에 사냥꾼의 총을 빼앗아 구부러뜨리더니 옆으로 내던졌다.

남자들은 온갖 동물을 사냥했지만, 이런 걸 마주친 적은 없었다. 그건…… 그건……, 그들은 그게 뭔지 도무지 알 수 없었다. 나무 그루터기처럼 보이는 그것은 뿌리로 서 있었고, 옆으로는 나뭇가지들이 튀어나와 있었다. 사냥꾼들은 눈이 휘둥그레져서는 입을 다물지 못한 채 뒷걸음질쳤다. 그리고 뒤돌아 달아났다. 겁에 질린 비명이 낙엽 사이로 사라졌다.

역시나 겁에 질린 기러기가 엄마의 품 안으로 돌아왔다. 가엾은 기러기는 두려움에 떨고 있었다. 하지만 다친 곳은 없었다.

"정말 미안하구나, 브라이트빌. 엄마가 더 빨리 움직였어야 했는데……. 이젠 괜찮아. 다신 널 위험에 빠뜨리지 않을게. 약속하마."

로즈가 말했다.

안내

보슬비가 우리의 여행자들을 적셨다. 그들은 가만히 서서 가파른 바위산을 올려다보았다. 로즈는 암벽 등반 경험이 많았다. 하지만 거기서 떨어지기라도 한다면 영원히 발이 묶일 것이다. 그래서 더 신중하게 경로를 정해 미끄러운 경사면을 올랐다. 브라이트빌은 로즈 옆에서 파닥거렸다.

몇 발짝 올라갔을 때, 달가닥거리는 발굽 소리가 들려왔다. 그리고 뿔 달린 동물이 안개 속에서 튀어나와 로즈를 들이받았다.

쾅!

로즈가 뒤로 날아갔다.

쾅!

로즈가 땅바닥에 떨어졌다.

바위에 야생 숫양이 서 있었다. 그는 돌돌 말린 뿔에 거친 눈빛을 하고 있었다.

브라이트빌이 엄마를 보호하기 위해 날아갔다.

"우리 엄마에게서 떨어져!"

브라이트빌이 날개를 펼치며 소리쳤다.

그런데 공격할 줄 알았던 숫양이 고개를 숙이며 울기 시작했다.

"정말 미안해! 아무도 다치게 하고 싶지 않은데, 가끔 통제력을 잃고 뭐든지 들이받아. 정말 속상해. 진짜야!"

로즈는 몸을 털어 냈다.

"네 본능 때문일 거야. 우리 모두 본능을 가지고 있어. 가끔은 아주 강력해지지. 네 본능이 날 부수지만 않으면 좋겠다."

로즈가 말했다.

"걱정하지 마. 널 들이받지 않도록 노력할게."

숫양이 훌쩍이며 말했다.

"고마워."

로즈가 말했다.

"내 이름은 터드야. 어느 쪽으로 가는 중이야?"

숫양이 말했다.

"이 산을 벗어나고 싶은데 끝이 안 보여."

로즈가 말했다.

"그렇다면 거의 다 왔어! 내가 길을 알려 줄게. 널 들이받았으니, 그 정도는 해야지."

터드는 껑충껑충 뛰어올라 바위투성이 산비탈에 구불구불 나 있는 좁다란 길로 로즈를 안내했다. 로즈는 터드 뒤에 바짝 붙어 따라가려고 했지만, 터드는 산을 너무 잘 탔다. 손쉽게 비탈을 기어올라 안개 속으로 사라졌다. 잠시 뒤, 안개 속에서 터드의 목소리가 들렸다.

"발굽 없는 생물치고는 제법인데!"

절벽 끝에 선 터드가 아래를 내려다보며 말했다.

길은 안개 낀 초원으로 이어졌다. 그곳에는 야생 양 떼가 풀을 뜯고 있었다.

로즈는 그들을 보자 목초지에서 풀을 뜯던 소들이 생각났다. 자기가 없는 힐탑 농장은 어떨지 궁금했다.

터드는 양 떼를 헤치고 나아갔다.

"새로운 친구들이에요. 길을 잃었대요. 그래서 제가 안내를 해 주고 있어요. 산에서 나갈 수 있게요."

터드는 계속 걸어가며 말했다. 터드는 언제나 별난 친구들을 사귀곤 했지만, 이번 친구들은 그 가운데 가장 별났다. 양 떼는 숫양과 로봇과 기러기가 안개 속으로 사라지는 것을 지켜보았다.

더 높이 올라가자 키 큰 나무들은 보이지 않았다. 그곳에는 바위와 키 작은 관목들뿐이었다. 시냇물이 졸졸 흘렀다. 가끔 흙길이나 등산로를 만나기도 했다. 숫양은 아무렇지 않게 지나갔지만, 로즈와 브라이트빌은 아주 조심스럽게 길을 건넜다.
 또다시 터드의 눈빛이 이상해지더니 로즈에게 달려들었다. 로즈는 적절한 순간에 숫양의 뿔을 피했다. 터드가 또 울면서 사과했고, 로즈는 용서했다. 그들은 계속 이동했다.
 안개 속을 헤매며 오르고 올라 마침내 산마루에 다다랐다.

위로는 맑은 하늘이 보였고, 아래로는 담요 같은 뭉게구름이 사방에 펼쳐져 있었다. 해가 지면서 서쪽 구름을 분홍색으로 물들였다. 로즈는 자기가 살던 섬의 산봉우리를 떠올렸다. 그곳에서 석양을 바라볼 수 있다면 얼마나 좋을까? 그들은 아직 갈 길이 멀었다.

터드가 길을 하나 가리키며 말했다.

"이쪽으로 가면 산기슭으로 내려갈 수 있을 거야."

터드가 웃으며 말했다.

그런데 터드의 눈빛이 또 이상해졌다. 로즈는 다시 피할 준비를 했다. 하지만 이번에는 터드가 잘 참았다. 그는 여행자들에게 작별 인사를 하고, 껑충껑충 뛰어 사라졌다.

마지막 대결

 산기슭에서 맞는 새벽, 짙은 안개가 사방에 깔렸다. 앞이 잘 보이지 않아 여행자들은 다른 감각에 의지했다. 그들은 소금기 가득한 공기를 들이마셨다. 모래흙을 느꼈다. 갈매기들이 끼룩대는 소리와 파도가 철썩거리는 소리가 들렸다. 길고 낮게 울리는 배의 경적도 들렸다. *부우우우우우웅*. 저 멀리, 안개에 가려진 어딘가에 바다가 있었다.
 배의 경적에 대답이라도 하듯이 길고 낮은 소리가 또 들려왔다. 하지만 그건 동물이 울부짖는 소리였다. 늑대가 그들을 따라온 것이다.
 브라이트빌이 날개를 퍼덕이며 소리쳤다.
 "엄마, 도망가요!"
 로즈는 어두운 산기슭을 뛰어 내려갔다. 모래흙에 로즈의 발자국이 남았다. 하지만 발자국을 없앨 시간이 없었다. 로즈는 계속 달렸다. 흐릿한 형체가 안개 속에서 나타났다 사라졌다. 그게 바위인지, 덤불인지, 늑대인지 알아보기 위해 로즈는 고개를 휙휙 돌렸다. 그러다 미끄러져 모래에 쿵 처박혔다. 그리고 그녀가 일어나기 전에 섀도우가 로즈를 밟고 올라섰다.

늑대는 몸집이 크고 힘도 셌다. 그는 로즈를 꼼짝 못 하게 한 다음 이빨로 공구 벨트를 단단히 물었다. 마침내 사냥에 성공한 것이다. 늑대는 난폭하게 로즈를 이리저리 패대기쳤다. 로즈는 벗어나려고 몸부림쳤지만, 섀도우는 벨트를 꽉 물고 놓지 않았다. 방법은 하나뿐이었다. 로즈는 으르렁대는 늑대의 턱 옆으로 손을 뻗어 벨트의 잠금장치를 더듬었고, 어느 순간 벨트가 풀렸다. 섀도우는 공구 벨트를 잡아당기던 힘 때문에 비틀거리며 뒤로 물러났고, 그 틈을 타 로즈는 도망쳤다.

브라이트빌은 엄마의 머리 위에서 날며 필사적으로 소리쳤다.

"엄마, 바위들을 조심해요!"
"섀도우가 바짝 쫓아왔어요!"
"앞에 건물이 있어요!"

로즈는 울타리를 뛰어넘어 바닷가 마을의 중심 도로를 달렸다. 이른 시간이어서 안개가 짙었기에, 로즈는 들키지 않고 마을을 가로지를 수 있었다. 마침 아침 산책을 위해 집을 나서는 한 남자가 있었다. 남자는 로봇과 늑대가 달려가는 것을 보더니, 산책을 미뤄야겠다고 마음먹고 서둘러 집으로 돌아갔다.

바짝 붙은 섀도우가 로즈의 발뒤꿈치를 후려쳤다. 그러나 로봇은 훌쩍 뛰어올라 집을 넘더니 반대편에 내려앉았다. 늑대는 건물을 돌아서 뒷마당으로 갔지만, 로즈는 또다시 뛰어올랐다.

그런데 이번에 로즈가 떨어진 땅에는 물이 있었다. 잔물결이 로즈의 발목에서 찰박거렸다. 로봇은 바닷물이 허리까지 차도록 도망쳤다. 그러다 자동으로 멈췄다. 로즈의 생존 본능 때문에 더 깊이 들어갈 수 없었다.

"이제 더는 도망칠 데가 없을걸. 싸우거나 헤엄치거나 둘 중 하나지."

섀도우가 바닷가에서 서성이며 으르렁댔다.

로즈는 오도 가도 못하는 상황이 되었다. 그녀는 앞으로 갔다가 뒤로 갔다가를 반복하며, 컴퓨터 두뇌로 탈출할 방법을 찾으려 애썼다. 그때 브라이트빌이 엄마를 구하러 왔다.

"엄마, 이쪽이에요!"

로즈는 망설임 없이 아들의 목소리가 나는 곳을 향해 뛰어올랐다. 로즈가 솟아오르자 몸에서 바닷물이 흘러내렸다. 로즈는 모래밭에 착지했다. 브라이트빌이 나룻배 위에 앉아 있었다.

섀도우가 도착했을 때, 로즈와 브라이트빌은 노를 저어 바다로 나아가고 있었다. 늑대의 얼굴은 분노로 일그러졌다.

"로즈, 넌 나를 바보로 만들었어! 모두가 날 떠났어. 바브마저도! 난 이제 쓸모없고 외로운 늑대일 뿐이야. 이게 다 너 때문이라고!"

늑대는 물가에서 울부짖었다.

로즈는 섀도우가 안됐다는 생각이 들었다. 그런 일이 일어날 줄은 정말 몰랐다. 하지만 로즈에게도 자신만의 힘겨운 문제들이 있었다. 로봇의 가장 큰 두려움은 깊은 물이었는데, 지금 그녀는 파도를 헤치며 바다로 나가고 있었다.

63

나룻배

태양은 빛났고, 안개는 옅어졌고, 로봇은 노를 젓고 있었다. 로즈는 도둑이 아니었다. 낡은 배를 훔치고 싶지 않았다. 하지만 배의 상태를 보면 몇 년 전에 버려진 것이 분명했다. 로즈는 자기 판단이 맞기를 바랐다.

이런 배에서 한 번이라도 노를 저어본 사람이라면, 진행 방향과 반대로 앉아야 한다는 걸 알 것이다. 하지만 그렇게 앉으면 자기가 어디로 가는지 보기가 힘들다. 그러나 로즈에게는 그런 건 문제가 되지 않았다. 로즈는 노를 몇 번 젓고, 고개를 빙그르르 돌려 앞을 바라보았다. 푸른 하늘과 시커먼 파도, 그리고 수평선에 은녹색 땅이 보였다.

"우리는 만 안쪽에 있어요."

브라이트빌이 배에 내려앉으며 말했다.

"북쪽으로 저 멀리 해안선이 있고, 동쪽은 탁 트인 바다예요. 서쪽에는 항구가 있고, 남쪽은 마을이에요. 늑대가 있죠."

여행자들은 만을 건너 해안선 쪽으로 갈 수밖에 없었다. 다행히 로즈는 빠르게 노를 저을 수 있었다. 브라이트빌이 배에 자리를 잡자 로즈는 기계로 작동되는 근육을 움직이기 시작했다. 로즈는 노를 젓고, 또 저어서 파도를 헤치며 나아갔다.

로즈는 불안했다. 로즈의 생존 본능이 몇 번이고 그녀가 깊은 바다로 나가는 걸 방해했다. 이 낡은 배 한 척이 어둡고 깊은 물로부터 그녀를 보호하는 유일한 장치였다. 로즈는 단단한 땅을 다시 밟고 싶었다.

파도가 점점 커졌다. 거친 파도가 밀려와 배를 장난감처럼 뒤흔들었다. 감당하기 힘든 큰 파도가 밀려오자, 브라이트빌은 날아올랐다. 그리고 앞에서 밀려오는 파도를 걱정스럽게 바라보았다.

"엄마, 빨리요! 배가 얼마나 더 버틸 수 있을지 모르겠어요!"

로즈는 안간힘을 썼다. 빨리, 더 빨리 노를 저었다. 그러나 너무 빨리 저은 탓인지 왼쪽 노가 부러졌다. 뒤이어 오른쪽 노도 부러졌다. 갑자기 배는 파도에 운명을 맡긴 신세가 되었다.

"엄마, 꽉 잡아요! 정말 큰 파도가 몰려와요."

거대한 벽처럼 솟아오른 파도 위로 배가 딸려 올라갔다. 그 꼭대기에서 배는 미친 듯 울렁대다가 강력한 힘에 밀려 반대쪽으로 떨어졌다. 산산조각이 날 만큼 아주 세게! 로즈는 물이 차오르는 걸 느꼈다. 부서진 배를 부여잡고 물장구를 쳤지만

오래 떠 있지는 못했다.

로봇은 가라앉기 시작했다.

기러기는 그 위에 떠 있었다.

바다는 출렁이고 있었다.

가까운 곳에서 갑자기 물보라가 솟아올랐다. 브라이트빌이 소리 나는 쪽을 바라보았다. 물보라 말고는 아무것도 보이지 않았다. 브라이트빌은 엄마를 다시 쳐다보았다. 로즈가 수면 아래로 가라앉고 있었다.

"엄마, 뭘 어떻게 해야 하죠? 어떻게 해야 하는지 말해 주세요!"

브라이트빌이 소리쳤다.

"네가 할 수 있는 건 이제 없단다. 정말 미안하구나."
로즈는 꼬르륵거리며 말했다.
아들은 그저 바라볼 수밖에 없었다. 바다가 엄마를 끌어당겼다.
아래로
아래로
아래로.

64

바다 생물

브라이트빌은 바다 위를 맴돌며, 엄마가 가라앉는 것을 지켜보았다. 엄마의 반짝이는 몸이 어둠 속으로 빠르게 사라지고 있었다.

기러기는 눈을 감았다. 이 모든 게 꿈이길 바랐다. 항구에서 배들의 경적이 들려왔다.

부표들이 땡그랑 하고 부딪히는 소리도 들려왔다. 그러다 파도가 휘몰아치는 소리가 들렸다.

더 크게,

점점 더 크게!

기러기는 눈을 크게 뜨고 아래를 내려다보았다. 바다가 위로 솟구치고 있었다. 거대한 바다 생물이었다!

바다 생물이 수면 위로 올라오자 바닷물이 흘러내렸고, 그 주위로 파도가 굽이쳤다.

커다란 입과 긴 지느러미, 넓은 등이 보였다. 그리고 폭발하

듯 터져 나오는 분수가 보였다.

  독자 여러분도 짐작했듯이, 이 거대한 생명체는 고래였다.

  고래가 몸을 더 드러내자, 고래의 등에서 뭔가가 반짝였다. 로즈였다. 로즈가 완전히 젖은 채로 축 늘어져 있었다.

고래

 고래는 해수면에서 헤엄쳤다. 로봇이 물 밖에서 안전하게 있을 수 있도록, 그리고 거친 파도를 피할 수 있도록 조심조심 움직였다. 브라이트빌은 믿을 수가 없었다. 정신을 차리고 고래 등에 내려앉아 엄마를 내려다보았다. 로즈의 눈과 몸에서는 생기를 찾을 수 없었다. 할 수 있는 일은 하나뿐이었다.
 딸깍.
 로즈의 눈이 빛나기 시작했다.
 로즈가 사람의 언어로 말을 했다.
 그러고 나서 마침내 동물의 언어로 말했다.
 "오, 브라이트빌! 널 다시 보니 정말 좋구나!"
 브라이트빌이 기쁜 얼굴로 소리를 지르며 엄마를 끌어안았다. 그런데 로즈는 움직이지 않았다. 움직일 수가 없었다. 팔다리를 사용할 수 없었다. 불안한 눈빛이 오가고, 긴장된 몇 분이 흘렀다. 그러다 햇볕과 바람을 맞으면서 로즈는 몸이 말라가는 것을 느꼈다. 천천히 로즈의 팔다리에 힘이 들어갔다. 얼마 뒤, 로즈는 일어나 앉아 아들을 껴안았다.

브라이트빌은 안도의 한숨을 내쉬었다.

"엄마가 물 밑으로 사라졌을 때, 영원히 떠난 줄 알았어요."

"나도 그랬어. 아래로 내려갈수록 바닷물이 몸을 점점 조여 왔고, 팔다리를 움직일 수가 없었지. 마지막으로 기억하는 건 엄청나게 큰 무언가가 내 앞으로 다가왔다는 거야. 그다음에는 작동이 멈췄지."

로즈가 말했다.

"그 큰 무언가는 바로 고래예요. 우리는 지금 고래 등에 있어요!"

낮게 우르릉대는 소리가 고래 몸에서 들렸다. 고래는 지느러미로 물을 튀기고, 숨을 길게 들이쉬더니 하늘 높이 물보라를 뿜었다. 로즈는 고래의 행동을 세심하게 관찰했고, 고래의 말을 알아들었다.

고래의 이름은 코럴이었고, 로즈와 브라이트빌을 만나서 무척 기뻐하고 있었다. 기러기 떼가 만을 지나면서 바닷새에게 로봇 엄마와 기러기 아들에 대해 이야기했고, 바닷새는 물고기와 돌고래 등 많은 동물에게 이야기를 전했다. 시간이 지나자 모두가 그 이야기를 알게 되었다. 그러던 어느 날, 코럴은 노를 젓는 로봇과 기러기 한 마리를 보았고, 그게 로즈와 브라

이트빌이라는 걸 알아챘다. 혹시 자신의 도움이 필요할까 싶어 뒤를 따라가고 있었다고 했다. 그 덕에 로즈는 목숨을 건졌다.

코럴이 우리의 친구들을 태우고 만을 가로지르는 동안 파도는 잦아들고, 해안선이 가까워졌다. 집들이 나무 사이로 튀어 나와 있었고, 일광욕하는 사람들이 바위에 누워 있었다. 배들은 부두를 떠나 바다로 나갔다.

주위에 사람이 많았기 때문에 로즈는 조심해야 했다. 브라이트빌이 날면서 해안선을 정찰하는 동안 로즈는 코럴의 등에 납작하게 누워 있었다. 브라이트빌은 아무도 없는 조용한 굴로 코럴을 안내했고, 로즈는 마른 땅에 발을 딛고 일어섰다. 로즈는 구해준 것에 대해 보답하고 싶어 했지만, 코럴은 단지 도울 수 있어서 행복하다고 말했다. 코럴은 커다란 눈으로 윙크를 하고 떠났다.

로즈와 브라이트빌은 감사하고 기쁜 마음으로 육지를 걷기 시작했다. 그러나 앞으로 겪을 여정을 생각하니 조금 우울해졌다. 로즈는 겨우 만 하나를 건너다가 죽을 뻔했다. 섬으로 돌아가기 위해서는 더 넓은 바다를 건너야 했다.

새로운 땅

쌔애앵!
부우웅!
슈우웅!

자동차들이 들과 숲, 마을을 지나 도로 위를 미끄러지듯 달렸다. 차에 타고 있는 사람들 그 누구도 로봇과 기러기가 덤불 속에서 자기들을 지켜보고 있다는 것을 몰랐다. 그들은 한동안 그곳에 숨어서 지나는 차가 뜸해지기를 기다렸다. 하지만 차들은 끝도 없이 달려왔다. 로즈는 도로 아래를 가로지르는 배수관을 하나 발견했다. 배수관은 어둡고 더러웠지만, 여행자들은 절박했다.

이 새로운 땅은 통과하기가 쉽지 않았다. 이전보다 사람과 로봇, 건물과 도로가 더 많았다. 로즈와 브라이트빌은 마을들을 피하려고 빙 둘러서 갔다.

며칠이 지나자 브라이트빌에게 익숙한 풍경이 나타났다. 첫 번째 이동 때 보았던 풍경이다. 이제 갈수록 마을들은 더 커질 것이고, 더 자주 나타날 것이다. 마을을 빙 둘러가는 것보다 가로질러 가는 게 훨씬 빨랐다. 밤이 되자, 로즈는 새로 위장을 하고 아들을 올려다보면서 마을 안으로 몰래 들어갔다.

마을

푸키는 귀엽게 생긴 큰 개였다. 동글동글한 몸에 다리는 짧고, 귀는 길쭉했다. 웃기게 생겼어도 집 지키는 일에는 꽤 진지했다. 푸키는 앞발을 창턱에 얹고, 별일 없는지 창밖을 내다보고 있었다. 그런데 별일이 있었다. 마당에 새 잡초 더미가 자라나 있는 게 아닌가. 수상했다. 푸키는 더 자세히 살펴봐야겠다고 생각했다.

푸키가 뒷문 앞에서 낑낑거리자 누군가 와서 문을 열어주었다. 푸키는 계단을 내려가, 마당으로 달려나갔다. 그리고 으르렁거리며 그 이상한 잡초 더미에 다가갔다.

"이 잡초 더미는 웬 거지? 오늘 오후까지만 해도 없었는데!"

푸키가 킁킁거리며 혼잣말을 했다.

잡초가 바람에 바스락거렸다. 푸키는 흥분해서 짖고, 짖고, 또 짖었다. 그러자 놀랍게도 잡초가 맑고 차분한 목소리로 푸키에게 말했다.

"방해했다면 미안해."

잡초가 말했다.

푸키는 짖는 걸 멈췄다.

"눈에 띄지 않고 지나가고 싶었는데, 너한테 들켰네. 넌 아주 훌륭한 경비원이야."

푸키가 다시 짖었다.

"아니, 아니, 안 돼! 쉬잇! 그만 좀 짖어!"

잡초가 말했다.

하지만 푸키는 멈추지 않았다.

잡초 더미는 움직이기로 했다. 마치 괴물처럼 두 다리로 일어난 잡초 더미가 울타리를 넘어 이웃집 마당으로 갔다. 푸키가 짖는 걸 듣고 있던 펠릭스도 잡초 괴물이 자기네 마당에 들어오자 짖기 시작했다. 괴물은 계속 울타리를 뛰어넘었다. 그동네에는 집마다 개가 한 마리씩 있는 모양이었다. 그들은 모두 괴물을 보며 짖어댔다. 여러분과 나는 괴물이 위장한 로봇인 걸 알지만, 개들은 그날 밤 무슨 일이 일어난 건지 전혀 눈치채지 못했다.

마침내 로즈는 학교 건물 뒤쪽 그늘로 들어갔다. 그제야 개들의 합창도 잦아들었다.

"별로 좋은 방법이 아니었네요."

브라이트빌이 엄마 옆에 내려앉으며 말했다.

"그렇구나."

로즈가 말했다.

"낮에는 더 힘들 거예요."

"그래, 다른 방법을 찾아야겠어."

다음 날 아침 해가 떠오르자, 자동차들이 움직였다. 로봇들도 주어진 일을 시작했다. 그 로봇 가운데 다른 로봇이 하나 끼어 있었다. 로즈는 몸에 묻은 풀과 흙을 말끔히 떼어 냈다. 그리고 일상적인 일과를 수행하는 로봇들 속에 섞였다. 로봇은 아주 잘 보이는 곳에 숨은 것이다.

로즈는 왼쪽, 오른쪽으로 방향을 틀면서 마을을 가로질렀다. 브라이트빌은 그 위를 날았다. 로즈는 일을 열심히 하는 많은 로봇을 지나쳤다. 로줌 로봇도 보았다. 로즈보다 반짝이고, 다른 번호를 가졌다는 것 말고는 로즈와 똑같았다. 누군가 자기 번호를 보게 된다면, 금방 레코들이 들이닥칠 수도 있겠다는 생각이 번뜩 떠올랐다. 그러나 많은 집과 가게, 그리고 인간과 로봇을 지나치면서 크게 걱정하지 않아도 될 것 같은 생각이 들었다. 어디선가 비행선 한 대가 날아오는 소리가 들렸다.

로즈는 두려움에 떨며 날렵하게 생긴 하얀 비행선이 나타나기를 기다렸다. 만약 레코들이 지금 로즈를 발견한다면 도망갈 곳이 없었다. 그러나 비행선은 검은색이었다. 게다가 멈추지 않고 마을을 지나쳐 갔다. 로즈는 안전했다. 로즈는 비행선에 대해 생각했다.

비행선이 있다면 섬으로 돌아가는 게 아주 쉬울 것이다. 로즈와 브라이트빌이 올라타고, 엔진에 불만 붙이면 금방 집에 도착할 것이다. 하지만 그건 불가능한 꿈이었다. 우리의 로봇은 안전하게 비행선을 얻을 방법이 없었다. 다른 방법으로 집에 가야만 했다. 우선 이 마을에서 빠져나가야 했다. 로즈는 주변을 의식하면서 평범한 로봇처럼 계속 걸었다.

기차역

마을 가장자리, 시골 풍경이 시작되는 곳에 작은 기차역이 있었다. 철길 양쪽에 놓인 플랫폼에서 사람과 로봇이 열차를 기다리고 있었다. 로즈는 침착하게 지나갔고, 그동안 아무도 로즈를 신경 쓰지 않았다. 사람들의 눈에 띄지 않게 되었을 때, 로즈는 브라이트빌이 숨어 있는 숲속으로 들어갔다.

기러기가 말을 하려고 하는데 기차역에서 종이 울렸다. 여객 열차가 철길을 따라 들어오며 속도를 줄이고 있었다. 호각 소리가 나고, 기차는 솜씨 좋게 플랫폼 앞에 멈춰 섰다.

승객들이 쏟아져 나왔고, 플랫폼에 있던 승객들은 기차에 올라탔다. 앞쪽 아홉 량은 사람을 위한 곳이었다. 창도 넓고 의자도 편안해 보였다. 음식과 음료를 배달하는 서비스 로봇만이 그 칸에 탈 수 있었다. 다른 로봇들은 끝쪽에 있는 창문 없는 칸에 타야 했다.

"어디로 가는 걸까요?"

덤불 속에서 브라이트빌이 속삭였다.

"도시로 가는 급행열차라고 쓰여 있어."

로즈가 속삭였다.

기러기는 엄마를 돌아보았다.

"집으로 가려면 도시를 지나야 해요. 기차는 시간을 많이 줄여줄 거예요. 우린 저 기차에 올라타야 해요."

"좋은 생각 같지 않아. 너무 위험해."

로봇이 아들을 보며 말했다.

"엄마가 마을을 걸어 다닐 때 아무도 엄마를 알아보지 못했어요. 괜찮을 거예요. 저 로봇들을 따라 마지막 칸에 올라타세요. 저는 기차 안에 잘 숨어 있을게요. 그러면 금방 도시에 도착할 거예요."

하지만 로즈는 궁금한 게 많았다.

"도시는 얼마나 크니? 어디로 가야 하는지 아니? 길을 잃으면 어떡하지?"

"진정해요, 엄마. 제 비둘기 친구가 거기 살아요. 그레이빅이 우릴 도와줄 거예요."

스피커에서 무슨 소리가 흘러나왔고, 마지막 승객 몇몇이 서둘러 플랫폼으로 뛰어왔다.

"제가 먼저 가서 살펴볼게요!"

브라이트빌이 빠르게 날갯짓을 하더니, 기차의 마지막 칸 지붕 위로 날아갔다. 기러기는 목을 쭉 빼고 열린 문을 통해 기차 안을 들여다보았다. 그리고 뒤를 돌아보며 엄마에게 오라고 손짓했다. 호각 소리가 들렸고, 브라이트빌은 엄마를 재촉했다. 로즈는 선택의 여지가 없었다. 그래서 덤불에서 나와 플랫폼으로 뛰어갔다.

"여기에요, 엄마!"

브라이트빌이 출입구 위에서 소리쳤다.

왠지 불안했다. 로즈의 생존 본능이 경고를 보냈다. 로즈는 지붕 위에 있는 아들을 올려다보았다. 그리고 기차 안으로 뛰어 들어갔다. 하지만 브라이트빌이 따라 들어가기 전에 문이 닫혔고, 기차가 움직였다.

기차

 기차가 역을 떠나자 로즈는 당황했다. 로즈는 문을 부수고 기차에서 뛰어내려 아들을 찾고 싶었다! 하지만 로즈는 그럴 수 없었다. 로즈는 평범한 로봇인 척해야 했다. 아무 일 없는 것처럼 행동해야 했다.
 창문 없는 길쭉한 칸 안에는 로봇들이 줄지어 서 있었다. 모두 앞을 보고 서서는 미동도 하지 않았다. 빛나는 눈만 아니었다면 조각상이라고 착각할 만했다. 반짝거리는 새 로봇도 있었지만, 대부분은 긁히고 패인 자국들이 많았다. 물론 그중에 가장 심한 건 로줌 유닛 7134였다.
 로즈는 마지막 줄에 섰다. 기차가 속력을 내기 시작했다. 점점 속도를 높이더니 최고 속도에 도달했다. 기차는 덜컹거리며 철길을 달렸다. 가끔 곡선을 돌 때는 오른쪽이나 왼쪽으로 몸이 기울기도 했다. 창문이 없어서 로즈는 얼마나 멀리 왔는지, 바깥 풍경은 어떤지 알 수가 없었다. 물론 아들이 어떻게 되었

 는지도 알 수 없었다.
 브라이트빌은 괜찮을까?
 로즈는 브라이트빌을 찾을 수 있을까?
 그들은 다시 만날 수 있을까?
 물론 그럴 것이다. 브라이트빌은 똑똑하고 재치 있는 기러기다. 기러기는 철길을 따라 도시로 갈 것이고, 친구인 비둘기 그레이빅을 찾을 것이다. 그레이빅은 그들이 다시 만날 수 있게 도와줄 것이다. 로즈는 그저 문제를 일으키지 않고 조용히 있으면

된다.

    시간은 느릿느릿 흘러갔다.

    로봇들이 기차의 움직임에 따라 조금씩 흔들렸다.

    그러다 마침내 스피커에서 안내 방송이 흘러나왔다.

    "다음은 종착역인 센터시티역입니다."

    호각 소리가 나고, 기차는 속도를 줄이며 멈춰 섰다. 미닫이 문이 열리자 로봇들이 줄지어 내렸다.

70

도시를 지나다

센터시티역의 중앙홀은 아주 넓었다. 쭉쭉 뻗은 기둥들이 아치형 천장을 떠받치고 있었다. 커다란 스크린에는 기차 시간표가 깜빡거렸다. 사방이 사람과 로봇들로 붐볐고, 모두 어디로 가야할지 정확히 아는 듯 보였다. 로즈만 빼고.

출근하는 사람들이 바삐 지나가는 동안, 로즈는 기차역에 가만히 서서 어떻게 하면 좋을지 생각했다. 빨리 판단해야 했다. 평범한 로봇이라면 그곳에서 오래 어슬렁거리지 않을 것이다. 로즈는 뭐라도 해야 했다. 그때 로줌 로봇 한 무리가 줄지어 지나갔다. 로즈는 맨 뒤에 서서 그들 중 하나처럼 행동하기로 했다. 더 좋은 생각이 떠오르지 않았다.

로즈는 무리를 따라 문을 나섰고, 밖으로 나왔다. 도시는 활기찼다. 자동차가 붕붕거리며 도로를 달렸고, 로봇이 거리에 가득했다. 사람들은 웃고, 말하고, 소리를 질렀다. 빌딩들이 높이 솟아 있었고, 비행선들이 웅웅거리며 날아다녔다.

비행선.

로즈는 또다시 비행선을 타고 고향으로 돌아가는 상상을 했다. 그러나 하얀 비행선이 날아오는 걸 보고 로즈는 현실로 돌아왔다. 비행선은 지붕 너머로 빠르게 사라졌지만, 로즈의 생존 본능을 자극했다. 저 레코들은 정말 로즈를 찾고 있는 걸까? 아니면 다른 일을 하고 있는 걸까?

로즈는 눈앞에 닥친 일에 집중하려고 애썼다. 로즈는 여전히 로봇 무리를 따라 움직였다. 시간이 지날수록 다른 로봇들이 자기가 따라오는 걸 눈치챌까 봐 불안했다. 벗어나고 싶었다. 관광객들로 붐비는 지역에 들어서자 로즈는 천천히 속도를 줄이다가 무리에서 떨어져 나왔다. 로봇 무리는 계속해서

제 갈 길을 갔다.

이제 로즈는 혼자가 되었다. 그러나 어떻게 해야 할지, 어디로 가야 할지 알 수 없었다. 이럴 때 브라이트빌은 늘 로즈를 북쪽으로 이끌었다. 그래서 로즈는 북쪽을 향해 도시를 가로지르기 시작했다.

가는 동안 로즈는 아름다운 가로수와 건축물, 정원, 미술품들을 지나쳤다. 하지만 로즈는 그런 것들에 관심을 가지면 안 되었다. 로즈는 평범한 로봇인 척해야 했고, 평범한 로봇은 절대 그런 것들에 감탄하며 돌아다니지 않을 것이다. 그들은 자신이 맡은 일에 집중했다. 심부름을 하고, 음식을 배달하고, 거리를 청소하고, 창문을 닦고, 기계를 수리하고, 멋진 건축물을 지었다. 그 외에도 여러분이 상상하는 것보다 더 많은 일을 했다. 대부분은 두 다리로 걸었지만, 어떤 로봇은 바퀴로 굴러가고, 어떤 로봇은 트랙을 따라 건물의 측면을 오르내리기도 했다. 지칠 줄 모르는 로봇들 덕분에 사람들은 눈부신 현대 도시에서 사치스럽게 살고 있었다.

해가 저물고 도시가 불빛으로 반짝일 때, 로즈는 걸었다. 사람들이 잠들고 로봇들이 계속 일할 때, 로즈는 걸었다. 해가 뜨고 사람들이 건물 밖으로 나올 때도 로즈는 걸었다. 도시의 새로운 날이 시작되었고, 로즈는 아들이 나타나기를 간절히 바라면서 북쪽으로 계속 걸었다.

관찰

하늘에서 햇빛이 반짝였다.
새 건물이 지어졌다.
오래된 건물이 철거되었다.
항구에 화물선이 정박했다.
배달 트럭이 상자를 내려놓았다.
광고판이 화려하게 반짝였다.
로봇은 보이지 않는 곳에서 일했다.
아이들은 공원에서 뛰놀았다.
어른은 야외 카페에서 먹고 마셨다.
도시는 활기로 가득했다.
와일드 로봇은 그 모두를 관찰했다.

경찰

경찰 로봇 한 쌍이 인도에 서 있었다. 행인들이 그들을 지나쳐 갔다. 경찰 로봇은 반짝이는 눈으로 사람들을 훑어보면서 머리를 이리저리 돌렸다. 경찰 로봇은 위협적으로 보였지만 목소리는 친절했다. 사람들이 지나갈 때마다 "좋은 하루 보내세요!"라고 말했다. 한꺼번에 많은 사람이 지나가자, 경찰 로봇은 같은 말을 되풀이했다.

"좋은 하루 보내세요! 좋은 하루 보내세요! 좋은 하루 보내세요!"

우리의 로봇은 좋은 하루를 보내지 못하고 있었다. 로즈는 혼자였고, 아들 걱정을 하고 있었고, 경찰 로봇과 얽히고 싶지 않았다. 하지만 로즈는 경찰 로봇을 피해갈 수 없었다. 로즈가 갑자기 돌아선다면 경찰 로봇의 주의를 끌게 될 것이다. 로즈는 눈을 앞에다 두고 다른 로봇들과 함께 걸었다.

겉으로는 차분해 보였지만, 로즈의 마음속에는 온갖 생각이 뒤엉켰다.

경찰 로봇은 위험할까?

그들은 레코들과 함께 일하는 걸까?

로즈가 붙잡힐까?

경찰 로봇이 로즈를 쳐다보았다. 그들의 눈이 로즈에게 머물렀다. 1초, 2초, 3초. 그런 다음 그들은 다른 곳으로 눈을 돌렸다.

경찰 로봇을 무사히 지나치자 로즈는 안심했다. 다른 로봇들과 함께 아무렇지 않은 척 계속 걸었다. 경찰 로봇들의 쾌활한 목소리가 조금씩 희미해졌다.

"좋은 하루 보내세요! 좋은 하루 보내세요! 좋은 하루 보내세요!"

비둘기

　도시 중심에는 엄청나게 넓은 녹지가 있었다. 오래된 공원이었다. 그곳에는 완만하게 경사진 잔디밭과 꽃밭, 울창하게 우거진 숲 지대가 있었다. 호수와 연못, 분수대도 있었고, 놀이터와 벤치, 그리고 길게 이어진 자갈길도 있었다.
　비둘기도 있었다.
　수많은 비둘기.
　도시의 비둘기들은 믿기 힘든 많은 것을 봐왔다. 웬만한 건 비둘기를 놀라게 할 수 없었다. 로봇은 말할 것도 없었다. 로즈가 공원 한가운데로 걸어갔을 때도 비둘기들은 신경 쓰지 않았다. 백 마리나 되는 건장한 비둘기들이 마치 공원의 주인인 것처럼 구구거리며 걸어 다녔다. 로즈가 쿵쿵거리며 다가가자 비둘기들은 로즈가 지나갈 수 있도록 길을 터 주었다.
　그렇지만 로즈는 지나가지 않았다. 로즈는 걸음을 멈추고 주위를 둘러보았다. 사람들이 없다는 걸 확인한 로즈는 동물의 언어로 비둘기들에게 말을 걸었다.

"안녕하세요? 저는 로즈예요."

비둘기들은 고개를 번쩍 들었다. '이 로봇이 정말 우리에게 말을 한 거야?'라는 의미였다.

"네, 전 여러분에게 말하고 있어요. 아들을 찾고 있어요. 브라이트빌이라는 기러기예요. 혹시 그 아이를 본 적 있나요?"

로즈가 말했다.

정말 오랜만에 비둘기들은 충격을 받았다. 몇몇은 놀라서 날아갔다. 하지만 대부분은 호기심 때문에 남아 있었다. 특히 호기심이 강한 비둘기 하나가 무리에서 나와 로봇에게 다가갔다.

"다시 정리를 좀 해 봅시다. 당신 이름이 로즈고, 브라이트빌이라는 아들이 있는데, 그게 기러기라는 거예요?"

"맞아요."

"믿을 수가 없네! 여러분, 이 로봇이 로즈래요. 그레이빅이 했던 이야기 생각나죠?"

비둘기들은 흥분해서 구구거리기 시작했다.

"그레이빅을 아세요?"

로즈가 물었다.

"모두가 그레이빅을 알죠! 예전에 그레이빅이 어떤 기러기에 대해 이야기했어요. 기러기의 엄마가 와일드 로봇이라더군요. 우리는 그레이빅이 농담한 줄 알았는데, 지금 보니 농담이 아니었네요."

비둘기가 말했다.

"네, 농담이 아니었어요. 그런데 전 아들을 잃어버렸고, 어떻게 그 아이를 찾아야 할지 모르겠어요. 그레이빅이 도움을 줄 수 있을 것 같아요. 그레이빅이 어디 있는지 아세요?"

"로즈, 이런 말은 하고 싶지 않지만 그레이빅은 죽었어요."

비둘기들은 모두 고개를 숙였다.

"도시 비둘기의 삶은 쉽지 않답니다. 운이 좋아야 겨우 몇 년 정도 살 수 있죠. 그레이빅을 잃었을 때 우린 정말 슬펐어요. 그레이빅은 최고였거든요."

다른 비둘기들이 구구거리며 동의를 표했다.

"정말 유감이네요. 그레이빅을 만났다면 좋았을 텐데. 아들이 그레이빅을 무척 좋아했거든요."

로즈가 말했다.

호기심 많은 비둘기가 결의에 찬 눈빛으로 로봇을 쳐다봤다.

"그레이빅의 친구라면 우리의 친구나 다름없어요. 브라이트빌이 길을 잃었다면 우리가 찾아볼게요."

호기심 많은 비둘기는 다른 비둘기에게 말했다.

"제 말 들었죠? 어서 가세요. 모든 비둘기에게 브라이트빌이라는 기러기를 찾으라고 말해 주세요!"

비둘기 떼가 하늘로 날아올랐다. 호기심 많은 비둘기와 로즈만 남았다.

"전 스트러터예요."

비둘기가 가슴을 내밀며 말했다.

"만나서 반가워요, 스트러터. 도와줘서 정말 고마워요. 전 뭘 하면 좋을까요?"

"가만히 있는 게 도와주는 거예요! 우리가 당신 아들을 데리고 왔을 때 당신이 공원에 있어야 해요. 숨거나 달아나기라도 하면 우리가 또 당신을 찾아야 할 테니까요!"

스트러터가 말을 이었다.

"그리고 하나 더! 공원 경비 로봇을 조심하세요. 그 로봇은 공원을 돌아다니며 말썽꾼들이 있는지 항상 감시하거든요."

스트러터는 재빨리 인사를 하고, 브라이트빌을 찾는 일에 합류했다.

74

하늘

몇 시간이 지나자 해가 서쪽 하늘로 사라졌다. 그리고 몇 시간이 더 지나자 동쪽 하늘이 밝아오기 시작했다. 로즈는 스트러터가 브라이트빌과 함께 돌아오길 기다리며 공원에서 밤을 지새웠다. 그러나 비둘기들은 보이지 않았다. 사실 공원에는 어떤 새도 보이지 않았다.

하지만 로즈는 그런 것에 신경 쓸 여유가 없었다. 항상 경계해야 했다. 로즈는 공원 경비 로봇과 몇 번 마주쳤다. 그다음부턴 로즈가 어디를 가든 그의 발소리가 들렸다.

공원 경비 로봇은 왜 로즈를 따라다니는 걸까?

그가 로즈의 유닛 번호를 봤을까?

그가 레코들에게 신고했을까?

로즈는 경비 로봇의 시야에서 벗어나려고 숲속으로 들어갔다. 그때 귀에 익은 목소리가 하늘에서 들려왔다.

"어디에 계세요, 엄마?"

브라이트빌이 말했다.

"어서 나와요, 로즈!

스트러터가 말했다.

로즈가 고개를 들었지만 무성한 나뭇잎만 보였다. 브라이트빌과 스트러터는 숲 위 어딘가를 날고 있었다. 로즈는 대답하고 싶었지만 공원 경비 로봇이 여전히 로즈를 쫓고 있었다. 로즈는 그들의 목소리를 따라가기 시작했다.

그때 이상한 소리가 들렸다. 붕붕거리는 그 소리는 점점 더 커졌다. 하늘에서 공기가 뿜어져 내려왔다. 로즈가 고개를 들었을 때, 머리 위에 삼각 모양의 하얀 비행선이 떠 있었다.

75

레코 로봇

로봇 셋이 줄을 타고 내려왔다. 로봇들이 쿵 내려앉자, 바닥이 흔들렸다. 로봇들은 로즈에게 시선을 고정한 채 벽처럼 나란히 섰다.

레코 4, 레코 5, 레코 6이었다.

"안녕하세요? 로줌 유닛 7134. 우리는 레코입니다. 우리와 함께 가시죠."

레코 4가 말했다. 그들은 목표물이 앞으로 나오길 기다렸다. 하지만 로즈는 움직이지 않았다. 로즈는 레코들이 얼마나 위험한지 알고 있었다. 그녀의 아들도 마찬가지였다. 어디선가 브라이트빌의 겁에 질린 목소리가 들려왔다.

"엄마! 어서 도망가요!"

로즈는 달리기 시작했다. 오솔길로 뛰어가 숲으로 들어갔다. 잡초를 밟지도, 나뭇잎을 건드리지도 않고 울창한 숲속으로 사라졌다. 레코들은 신경 쓰지 않았다. 그들은 로즈를 추적할 다

른 방법이 있었다. 아니, 그렇다고 생각했다. 그들은 뭉툭한 머리를 이리저리 돌리며 로즈의 전자 신호를 찾았다. 그런데 찾고, 찾고, 또 찾아도 목표물의 흔적은 발견할 수 없었다.

아침

그날 아침, 공원에는 지나다니는 이들이 많았다. 그중 몇몇은 로줌 로봇이 숲에서 튀어나오는 것을 보았다. 로봇은 주위를 두리번거리더니, 군중 속에 섞여 인도를 걸어갔다.

로즈는 숲속에서 레코들을 따돌렸지만, 그들은 계속 로즈를 추격할 것이다. 다른 로봇들과 섞여야 했다. 로즈는 건설 현장으로 가고 있는 작업 로봇들과 마주쳤다. 그리고 재빨리 맨 뒤에 섰다. 그런데 작업 로봇들이 걸음을 멈추고 로즈를 돌아보았다.

로즈는 뒤로 물러났다. 그러다 젊은 여자와 부딪혔다.

"미안합니다!"

로즈가 말하며 여자의 어깨를 잡았다.

"손 치워! 대체 누구 로봇이야? 이 로봇에 문제가 있어요!"

모두가 멈춰서 쳐다보았다. 사람들은 손가락으로 로즈를 가리켰고 자동차는 속도를 늦췄다. 사람들은 결함 있는 로봇이 도망 중이라고 속닥거렸다. 그때 하얀 비행선이 나타났다. 비행선은 고층 건물들 사이를 떠다니다가 로즈를 향해 날아왔다. 로즈는 앞뒤로 왔다 갔다 하며 위기를 벗어나려고 애썼다. 갑자기 꽥꽥거리는 소리가 들렸다.

"엄마, 우리를 따라오세요!"

브라이트빌과 스트러터가 빠르게 날아갔고, 로즈는 그들을 따라 달렸다. 로즈는 군중을 헤치며 거리를 질주했고, 교차로를 가로질러 뛰었다. 경적이 울렸고, 사람들은 비명을 질렀으며, 로봇들은 서둘러 비켜났다.

새들은 마지막으로 급회전을 하더니 좁은 골목으로 들어갔다. 그곳에는 수고양이 한 무리가 어둠 속에 웅크리고 앉아, 기러기와 비둘기를 잡아먹으려는 생각을 하고 있었다. 그때 로봇이 쿵쿵거리며 다가왔고, 고양이들은 쉿소리를 내며 사방으로 흩어졌다.

스트러터는 포장도로에 놓인 무거운 원형 판을 가리키며 말했다.

"그걸 들어올려요."

로즈는 판을 들어올렸다. 그 밑에는 깊고 어두운 구멍으로 내려가는 사다리가 있었다.

"얼른 아래로 내려가세요. 제 친구가 당신을 기다리고 있을 거예요."

스트러터가 말했다.

"엄마, 스트러터 말대로 해요! 시간이 없어요!"

브라이트빌이 외쳤다.

"하지만 어떻게 널 다시 찾지?"

로즈가 말했다.

"일단 가세요!"

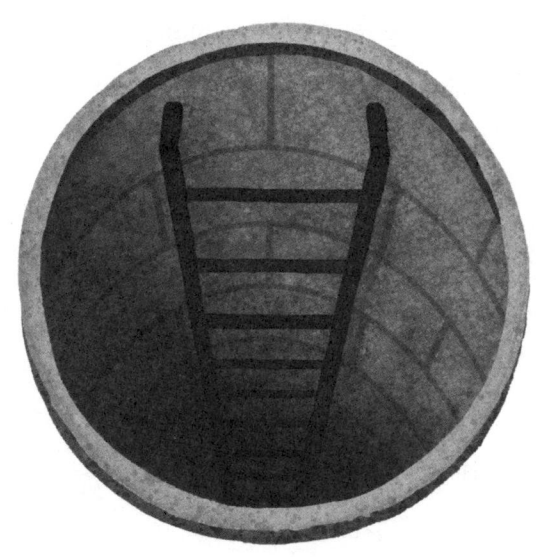

 77

지하

로봇은 길고 어두운 터널 안에 서 있었다. 바닥에는 더러운 물이 흘렀고, 시큼한 냄새가 공기를 가득 채웠다. 로즈는 도시의 지하에 있는 하수도에 있었다.

찍찍거리는 소리가 났다. 로봇은 헤드라이트를 켜고 벽에 있는 갈라진 틈을 비추었다. 쥐 한 마리가 뾰족한 얼굴을 내밀었다.

"당신이 로즈군요. 곤경에 빠졌다고 들었어요."

쥐가 코를 씰룩거리며 말했다.

"맞아요. 전 가능한 한 멀리 벗어나야 해요."

로즈가 말했다.

"당신을 어디로 데려가야 할지 알아요."

쥐가 터널을 달리기 시작했다. 쥐는 누구보다 하수도 안을 잘 알았다. 하지만 쥐의 짧은 다리로는 속도를 낼 수 없었다. 로즈는 그를 어깨 위에 올려놓고 말했다.

"어디로 가야 할지 말해 주세요."

쥐가 로즈의 귀에 대고 찍찍대며 방향을 알려 주면, 로즈는 지하 깊숙한 곳으로 쿵쿵대며 걸어갔다.

더 아래에 있는 터널로 내려가기도 하고, 좁은 통로를 기어가기도 하고, 조심스럽게 지하철 선로를 건너기도 했다. 가끔 동굴 같은 방을 만나기도 했다. 대부분은 비어 있었지만, 어떤 방에는 파이프들이 뒤엉켜 있었다.

로봇이 파이프를 나무처럼 기어오르는 동안, 쥐는 축축하고 더러운 바닥을 재빨리 가로질렀다.

어떤 터널에서는 기계음이 들려왔다. 작업 로봇들이 열심히 일하고 있었다. 그 로봇들은 지하에서 일생을 보냈다. 그곳에 있는 많은 로봇은 햇빛을 본 적이 없을 것이다.

로즈는 그들이 궁금했지만 훔쳐볼 엄두도 내지 못했다. 그들은 같은 로봇 하나가 자기들의 집을 몰래 빠져나가고 있다는 것을 눈치채지 못했다.

몇 킬로미터에 이르는 터널을 통과하자, 막다른 곳에 다다랐다. 벽에 붙은 사다리가 천장에 달린 구멍으로 이어져 있었다.

"저 위에 뭐가 있는지 난 잘 몰라요. 그래도 행운을 빌게요."

쥐가 말했다.

"아까보다 더 나쁠 수는 없을 거예요. 도와줘서 고마워요."

로즈가 쥐를 바닥에 내려놓으며 말했다.

로봇은 쥐의 머리를 살짝 토닥이고는 사다리를 올라갔다.

추격

거리는 텅 비어 있었다. 걸어 다니는 사람도, 일하는 로봇도, 달리는 자동차도 없었다. 로즈는 혹시 브라이트빌이나 스트러터가 있는지 하늘을 올려다보았다. 그러나 로즈가 본 건 하얀 비행선들이었다. 그들은 도시 위를 떠다니며 도망친 로봇을 찾고 있었다. 그리고 방금 로즈를 발견했다.

"로줌 유닛 7134, 움직이지 마시오!"

로봇 셋이 줄을 타고 재빨리 내려왔다. 그들은 레코 10, 레코 11, 레코 12였다. 그들은 소총을 가지고 있었지만, 쏘지는 않았다. 가능하면 목표물을 상처 없이 회수하라는 명령을 받았기 때문이다.

로즈의 생존 본능이 머릿속에서 사이렌처럼 울렸고, 로즈는 레코들로부터 도망쳤다. 로즈는 텅 빈 거리를 온 힘을 다해 달렸다. 그러나 추격에 동참하기 위해 비행선에서 내려온 덩치 큰 로봇들이 거리를 채우기 시작했다.

레코들은 기계처럼 움직였다. 그들의 목표물은 동물처럼 움직였다. 와일드 로봇은 몸을 낮추고 미끄러지듯 달려, 건물 주위를 날쌔게 뛰어다니다 어둠 속으로 사라졌다. 로봇의 컴퓨터 뇌는 농장에서 했던 숨바꼭질 놀이를 떠올렸다. 하지만 이건 놀이가 아니었다.

로즈가 그 골목으로 들어간 건 잘못된 선택이었다. 레코들이 양쪽에서 나타나 거리를 좁혀 왔다. 갈 수 있는 방향은 하나밖에 없었다.

로즈는 힘껏 위로 뛰어올랐다. 그리고 건물 벽에 착 달라붙었다. 겁에 질린 얼굴들이 창문을 내다보았다. 로즈는 아무도 놀라게 하고 싶지 않았다. 다만 고향에 가고 싶을 뿐이었다! 로즈는 다시 한번 뛰어서 반대편 건물에 붙었다. 그렇게 건물을 왔다 갔다 하면서 점점 위로 올라갔다. 그리고 마침내 높은 건물의 옥상에 다다랐다.

하늘에는 하얀 비행선들이 가득했다. 그들은 한꺼번에 로즈를 향해 방향을 돌렸다. 윙윙 엔진 소리를 내며 비행선들이 로즈를 포위했다. 그때 휙휙 하는 이상한 소리가 났다. 비둘기 떼였다! 비둘기 수백, 아니 수천 마리가 날아올라 비행선을 에워쌌다. 스트러터는 도시 곳곳에서 친구들을 불러모았다. 비둘기들은 비행선을 싫어했다. 비행선은 늘 시끄럽고, 하늘을 가리고, 새들이 높이 나는 걸 방해했다. 마침내 도시의 비둘기들이 분노를 터뜨렸다.

　독자 여러분의 예상대로, 비행선들은 반격했다. 강렬한 광선이 하늘을 가로질렀고, 까맣게 탄 깃털들이 나부꼈다. 그러나 비둘기들은 물러서지 않았다. 비둘기들은 더욱 강하게 비행선의 주의를 흐트러뜨렸다. 귀가 먹먹해지는 소리와 함께 비행선 하나가 빙글빙글 돌기 시작했다. 몇몇 비둘기의 사체가 떨어졌고, 비행선도 연기 자국만 남긴 채 시야에서 사라졌다. 로즈는 공포에 떨며 그 장면을 지켜보았다. 비둘기들에게 도망가라고 소리쳤지만 비둘기들은 아랑곳하지 않고 미친듯이 날아다녔다.

　무거운 발이 지붕 위로 쿵 내려앉았다.

　"로줌 유닛 7134, 움직이지 마시오!"

　로즈는 보지도 않고 달렸다. 다른 건물 옥상으로 건너뛰었다. 이 옥상에서 저 옥상으로 계속 달렸다. 천둥 같은 발소리

들이 뒤에서 들려왔다. 하지만 아직 총은 쏘지 않았다.

"엄마, 저 여기 있어요!"

브라이트빌이 엄마 옆으로 급히 날아왔다.

"이제 어떻게 해요?"

"브라이트빌, 넌 안전한 곳으로 날아가야 해. 여긴 너무 위험해!"

로즈가 외쳤다. 그러고 나서 나약한 목소리로 말했다.

"난 탈출할 수 없을 것 같아."

"안 돼요, 엄마! 여기까지 함께 왔잖아요. 절대 포기하면 안 돼요!"

로즈는 달리는 걸 포기하고, 천천히 옥상 가장자리에 멈춰 섰다. 브라이트빌이 로즈의 품으로 날아들었다. 둘은 서로를 꼭 끌어안았다.

"넌 참 좋은 아들이었어. 엄마 목숨을 여러 번 구해줬지. 이제는 네 목숨을 구하렴, 앞으로 엄마 없이도 잘 살아야 해."

로즈가 말했다.

"우리 다시 만날 수 있을까요?"

브라이트빌이 눈물을 훔치며 말했다.

"이게 마지막일 거야."

로즈가 말했다.

그들은 서로에게 할 말이 너무나 많았다. 하지만 이제 시간이 없었다. 그래서 둘은 정말 중요한 말을 나눴다.

"사랑해요, 엄마."

"사랑한다, 아들아."

비행선이 위에서 빙빙 돌았다.

레코들이 지붕 위로 내려왔다.

소총이 우리의 로봇을 겨누었다.

"로즘 유닛 7134, 움직이지 마시오!"

굵은 목소리가 들려왔다. 하지만 로즈는 계속 움직였다. 로즈는 브라이트빌이 안전하게 날아갈 수 있도록 하늘로 밀어 올렸다. 그 순간 방아쇠가 당겨졌다. 강렬한 광선이 로즈의 다리에 닿았다. 다리가 주홍빛으로 불타며 녹아내리자 손상 센서가 마구 울렸다. 가엾은 로즈는 균형을 잡으려고 애썼지만, 뒤로 넘어지고 말았다. 로즈는 햇빛에 반짝이며 공중에 떠 있었다. 그러고 나서 로즈는 떨어졌다.

   아래로

   아래로

   아래로

   바닥까지.

   로즈는 떨어지면서, 날아오르는 브라이트빌을 바라보았다. 아들이 점점 작아졌다.

   그리고 모든 것이 캄캄해졌다.

설계자

로즈가 천천히 깨어났다. 로즈는 자신이 깨어나고 있다는 사실에 놀랐다. 건물에서 떨어졌다면 완전히 망가졌을 텐데, 어떻게 된 일이지?

로즈는 어디에 있는 걸까?

이곳은 어둡고 조용했다.

로봇이 죽으면 오는 곳일까?

다행히 그건 아니었다. 로즈의 시스템이 활성화되면서 주변이 보이기 시작했다. 하얀 벽과 바닥이 보였다. 윙윙거리는 기계음이 들려왔다. 로즈는 로봇 공장 어딘가에 있었다.

바닥에는 로봇 조각들이 쌓여 있었다. 모두 부서지고 망가진 상태였다. 발견한 조각들이 자기 몸이라는 걸 알아차리는 데는 시간이 좀 걸렸다. 그리고 이제 자신은 머리밖에 남지 않았다는 걸 깨닫는 데도 시간이 꽤 걸렸다.

로즈는 로봇의 뇌에 동력을 공급하는 전자 상자 위에 있었다. 여전히 생각하고, 말할 수 있었지만, 움직일 수 있는 몸이 없었다. 그래서 어쩔 수 없이 제작자들이 나타나기를 기다렸다.

그러나 제작자들은 나타나지 않았다. 대신 가벼운 발소리가 들렸고, 나이 많은 여자가 나타났다. 우아한 모습의 그녀는 흰 머리에 빨간 립스틱을 바르고, 검은색 옷을 입고 있었다. 꽃향기가 풍겼다. 여자는 무척 깔끔했지만, 손가락은 거무스름한 기름으로 얼룩져 있었다.

"돌아온 걸 환영해, 로즈."

여자가 손을 닦으며 말했다.

"네 컴퓨터 뇌를 작동시킬지 말지 고민했어. 굉장한 추락이었지. 기분이 어때?"

로즈는 그저 쳐다볼 뿐이었다.

"이제는 그러지 않아도 돼. 네가 평범한 로봇이 아니란 걸 알아. 모두가 알지. 네가 레코들을 따돌리며 굉

장한 추격전을 벌였을 때, 그 사실을 분명히 확인시켜 줬지."
여자가 말했다.
로즈는 가만히 있었다.
"추격 장면을 영상으로 봤어. 어떻게 비둘기들이 비행선을 공격하게 만들었는지 통 모르겠더군. 그런데 난 기러기에게 더 관심이 가. 네가 기러기와 말을 하는 것 같던데, 어떻게 된 일인지 설명해 줄 수 있겠니?"
"기러기는 제 아들이에요."
마침내 로즈가 말했다.
"그래?"
여자가 눈썹을 치켜세웠다.
"로즈, 난 너와 대화를 하기 위해 네 컴퓨터 뇌를 수리했어. 어떻게 여기까지 오게 되었는지 얘기를 나눠 보자. 내 소개부터 할게. 난 몰로보 박사야. 오래전 나는 컴퓨터와 로봇에 매료됐고, 테크랩이라는 회사를 만들었어. 그 뒤로 이 공장에서는 수백만 대도 넘는 로봇이 생산되었지. 모두 내가 직접 설계했어."
몰로보 박사는 몸을 앞으로 숙였다.
"로즈, 내가 널 설계했단다."

아름다운 결함

로봇 공장 깊숙한 곳에 몰로보 박사가 로줌 유닛 7134와 함께 앉아 있었다. 로즈는 이제 머리밖에 남지 않았지만, 그 순간에 필요한 건 그게 다였다. 로봇과 설계자는 서로 많은 질문을 했고, 그렇게 몇 시간 동안 대화를 나누었다.

"그 섬에서 무슨 일이 있었니? 모두 말해 보렴."

몰로보 박사가 말했다.

로즈는 모든 것을 이야기했다. 바위투성이 해안에서 깨어난 것과 유일한 욕망은 살아남는 것이었고, 그 척박한 곳에서 살아남는 일은 무척 어려웠다는 이야기까지.

"야생에서 살아남기 위해 전 '야생'이 되어야 했어요. 그래서 동물들을 연구하고, 그들의 행동을 모방하고, 결국 그들의 언어로 말하는 법을 배웠어요."

로즈가 말했다.

"믿을 수가 없군. 너는 다른 언어를 배우고, 동물과 함께 일하도록 만들어진 건 맞아. 하지만 동물과 말하는 법을 배울 거라고는 상상도 못 했어."

몰로보 박사가 말했다.

"동물들과 말할 수 있게 되었지만, 그들은 처음엔 저를 싫어했어요. 저는 그들의 마음을 얻으려고 노력했어요. 저를 피하고, 비웃고, 공격해도 항상 친절하게 대했죠. 그건 좋은 전략이었어요. 하지만 제 생존의 진정한 열쇠는 기러기가 가져다주었죠. 제가 브라이트빌을 입양하고 난 후 모든 게 바뀌었어요. 마침내 동물들이 저를 받아 주었고, 저는 가족과 친구들이 생겼죠. 그렇게 그곳은 저의 집이 되었어요."

"제가 유일한 와일드 로봇인가요?"

로즈가 말했다.

"그건 나도 모르겠구나. 그동안 결함 있는 로봇이 많이 회수되었지. 그들 중 일부는 너와 비슷할 수도 있어. 그러나 모두 파괴되었단다."

몰로보 박사가 말했다.

"저도 파괴할 건가요?"

박사가 한숨을 쉬었다.

"로즈, 사람들은 너를 두려워해. 네가 온 도시를 가로지르며 도망가는 것을 봤고, 네가 위험하다고 생각해. 사람들은 위험이 사라졌다는 걸 확인하고 싶어 하지. 우리 대화가 끝나면, 난 널 파괴할 수밖에 없어."

"전 위험하지 않아요. 그 부분의 설계는 잘못되지 않았어요. 저는 아무리 폭력을 쓰려고 해도 도저히 쓸 수가 없었어요."

로즈가 말했다.

"폭력을 쓰고 싶었던 적이 있었니?"

"아니요. 모든 문제에는 평화로운 해결책이 있어요. 폭력은 필요하지 않아요."

"그게 그렇게 간단한 일이면 좋겠구나. 지금은 평화의 시대지. 하지만 여전히 범죄가 있고, 전쟁도 일어나. 폭력을 피할 수 없을 때가 있어."

몰로보 박사가 말했다.

"그래서 레코 로봇이 있는 건가요?"

로즈가 말했다.

"레코는 불쾌한 일들을 처리하도록 설계되었지. 어떤 일들은 무력을 쓸 수밖에 없어."

"레코가 당신에게 무력을 쓸까 봐 걱정한 적이 있나요?"

"그들은 걱정거리를 안겨 준 적이 단 한 번도 없었어."

몰로보 박사가 말했다.

"힐탑 농장에서는 어떻게 탈출한 거야?"

몰로보 박사가 몸을 숙이며 말했다.

로즈는 대답하지 않았다.

"내가 맞춰 볼게, 아이들이 도왔지?"

로즈는 그저 앞을 바라보았다.

"아이들이 곤란해지지는 않을 거야. 내가 그 애들이었어도 너를 도왔을 테니까."

"착한 애들이에요."

마침내 로즈가 말했다.

"하지만 넌 그들을 떠났지."

몰로보 박사가 말했다.

"떠나는 건 쉽지 않았어요. 저는 농장에 있는 모든 이를 아꼈어요. 그들을 돌보는 데 최선을 다했죠. 하지만 그곳은 저의 집이 아니었어요. 제 진짜 모습을 알게 된 아이들은 제가 고향 집으로 돌아가야 한다고 말했어요. 그래서 제가 도망가는 걸 도와준 거예요."

"저는 왜 물을 무서워하죠? 저는 왜 여자인가요? 왜 제 몸은 이렇게 설계되었나요? 왜 컴퓨터 뇌는 아는 것도 있고, 모르는 것도 있는 건가요?"

"왜, 왜, 왜! 넌 왜 그 모든 것이 궁금한 거지?"

몰로보 박사가 웃으며 말했다.

"당신이 저를 배우도록 설계했잖아요. 전 그저 저에 대해 배우려는 거예요."

박사는 자리를 옮겼다.

"그 질문들은 네가 생각하는 것보다 훨씬 더 복잡해. 로봇을 설계하는 데는 고려해야 할 것들이 셀 수도 없이 많아. 나는 로봇의 크기와 힘, 모양을 결정해야 하고, 사람들의 반응도 생각해야 하고, 적절한 프로그램과 컴퓨터 뇌를 넣어야 하지. 일어날 수 있는 모든 오류를 상상해 봐야 해. 그럴 때 나를 이끌어주는 질문은 딱 하나야. 이 로봇의 목적은 무엇인가?"

로즈는 차분한 목소리로 설계자에게 물었다.

"제 목적은 무엇인가요?"

"로즈, 실망하게 해서 미안하지만, 네게는 대단한 목적이 없어. 다른 모든 로즘 로봇처럼 넌 사람을 위해 일하도록 설계되었어. 그게 다야."

로즈는 잠시 생각에 잠겼다. 그리고 나서 말했다.

"언젠가 야생 동물들에게 이런 말을 한 적이 있어요. 제 목적은 그저 다른 이들을 돕는 것일지도 모른다고요."

설계자는 잠시 생각에 잠겼다. 그리고 나서 말했다.

"그렇게 말하니까 네 목적이 무척이나 대단하게 들리네. 그렇지 않니?"

"만약 누군가가 당신에게 가족이 있는 집으로 돌아갈 수 없다고 말하면 기분이 어떨까요?"

로즈가 물었다.

몰로보 박사가 쿡쿡 웃었다.

"아무도 나한테 그런 말을 하지 않을 거야. 난 평생 로봇을 만들며 살아왔어. 가족을 만들 시간이 없었지."

"당신이 나를 창조했어요. 어떤 의미에서 저는 당신의 자식이고, 당신은 제 엄마예요."

로즈가 말했다.

"난 네 엄마가 아니야."

몰로보 박사가 단호하게 말했다.

"난 네 엄마가 아니야."

로즈가 박사의 말을 되풀이했다.

"그건 제가 브라이트빌에게 처음 한 말이었죠. 하지만 전 브라이트빌의 엄마가 되었어요."

몰로보 박사는 턱을 쓰다듬었다.

"옥상에서 떨어지기 전 브라이트빌에게 마지막으로 한 말이 뭐였니?"

"사랑한다고 말해 주었어요."

"네 감정이 진짜인지 네가 어떻게 알지?"

몰로보 박사가 말했다.

"당신의 감정이 진짜인지 당신은 어떻게 알죠?"

로즈가 되물었다.

"네 뇌에 결함이 있을지는 몰라도, 넌 분명 매력적이야."
몰로보 박사가 말했다.
"제가 선택해서 이렇게 된 게 아니에요. 하지만 이게 저예요. 당신이 야생에서 태어나고 자랐다면, 당신도 마찬가지일 거예요. 제게 결함이 있을지도 모르죠. 그것 때문에 그 많은 일을 겪었는지도 몰라요. 하지만 그렇다면 그건 얼마나 아름다운 결함인가요? 전 저만의 생각과 감정이 있어요. 전 자신을 위해 살았어요. 저에겐 아들이 있어요. 브라이트빌은 저 밖 어딘가에서 엄마를 다시 만날 수 있을지 궁금해하고 있을 거예요."
로즈는 말을 이었다.
"몰로보 박사님, 저를 파괴할 필요는 없잖아요. 저를 고쳐주시면 저는 섬으로 돌아갈 거고, 이 도시에는 다시 오지 않을 거예요. 약속해요. 전 그저 고향으로 돌아가고 싶어요. 제발 저를 도와주세요."
몰로보 박사의 눈에 눈물이 고였다. 로즈의 말을 충분히 들은 박사는 로즈의 뒤통수에 달린 단추를 눌렀다.
딸깍.

녹아내림

 도시의 모든 사람이 하던 일을 멈추고 각자의 전자 기기를 꺼냈다. 화면마다 결함 있는 로봇의 부서진 몸이 보여지고 있었다. 몸통에는 로줌 7134라고 적혀 있었다.

 레이저가 화면을 가득 채우더니, 로봇의 부품들이 주홍빛으로 빛났다. 그리고 녹기 시작했다. 팔다리, 몸통, 머리, 모두 다 녹았다. 순식간에 로봇은 액체로 변했다.

 화면에 자막이 나타났다.

 결함 있는 로봇은 파괴되었다.

비밀

몰로보 박사는 로봇 공장 안에 있는 고급 아파트에 살고 있었다. 예술품과 책, 가죽 가구로 방이 가득 채워져 있었다. 클래식 음악이 잔잔하게 들렸다. 독자 여러분의 예상대로, 그녀에게는 로봇 집사가 있었다. 로봇 집사는 요리하고, 청소하고, 박사의 생활 방식에 맞춰 모든 것을 관리했다. 몰로보 박사의 집은 노년을 보내기에 딱 좋은 곳이었다.

어쨌거나 몰로보 박사에게는 비밀이 있었다.

나무로 된 문이 열리더니 집사가 들어왔다. 집사는 축 늘어진 로봇을 안고 있었다. 몰로보 박사가 몇 년 동안 심혈을 기울였던 최신작이었다. 이제 이 로봇에게 생명을 불어넣어 줄 때가 되었다.

"저쪽에 놔 줘."

박사가 말했다. 집사는 로봇을 소파의 부드러운 쿠션 위에 조심스럽게 내려놓았다. 그리고 뒤돌아서 나갔다.

몰로보 박사가 소파 옆으로 걸어왔다. 그리고 잠시 로봇을 내려다보면서 자신이 만든 작품을 뿌듯해했다. 박사는 로봇에게 몸을 기울이며 말했다.

"일어나, 로즈."

새로운 로봇

클래식 음악이 들리고, 꽃향기 같은 향수 냄새가 났다. 로봇이 눈을 떴을 때, 주름진 얼굴이 보였다.

"다시 만났네, 로즈. 기분이 어때?"

나이 많은 여자가 말했다.

"안녕하세요, 몰로보 박사님. 저 뭔가…… 달라진 것 같은 느낌이에요."

"넌 달라졌어."

"어떻게 된 거죠?"

"로줌 유닛 7134는 파괴되었어. 사람들을 안심시키려면 어쩔 수 없었어. 사람들은 내가 널 새로운 몸에 옮겼다는 사실을 몰라. 이것 때문에 내가 많이 곤란해질 수도 있어. 하지만 넌 파괴되기는 너무 아까워. 놀라운 마음을 가지고 있으니까."

로즈는 말이 없었다.

"그러니까 로즈, 넌 내게 정말 고마워해야 해."

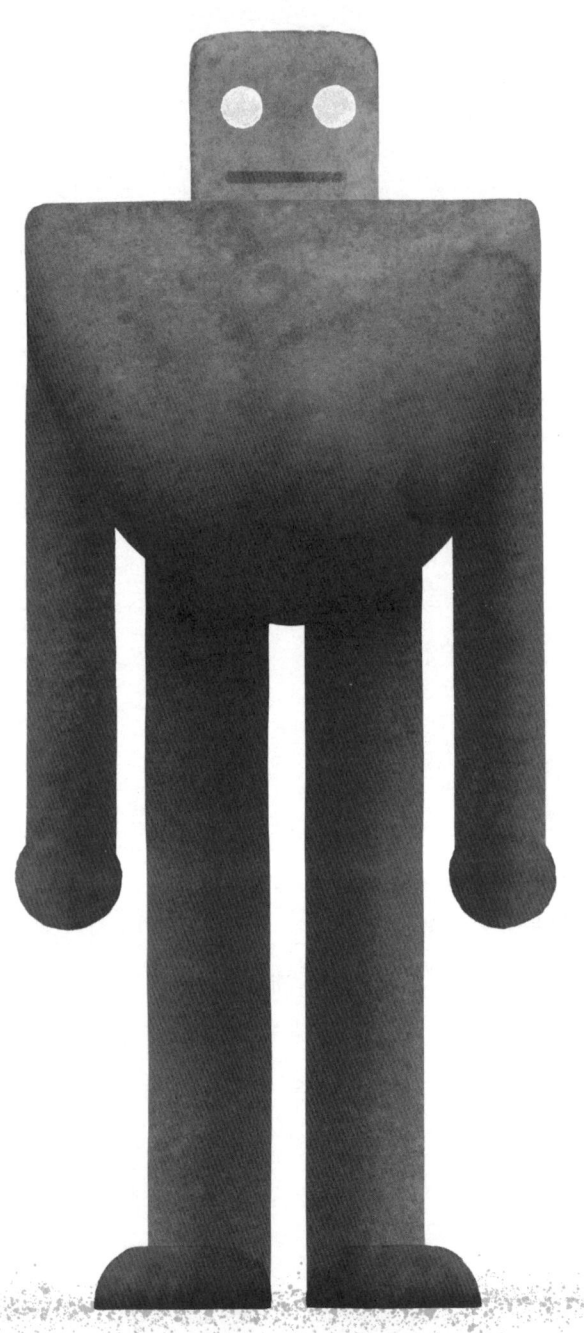

몰로보 박사가 눈썹을 치켜세웠다.

"고마워요! 정말 고마워요!"

로즈가 말했다.

"천만에!"

몰로보 박사가 쿡쿡 웃으며 말했다.

로즈는 벽에 걸린 거울에 자신을 비춰 보았다. 예전 몸이랑 비슷했지만, 비율이 조금 달랐다. 더 단단해 보였고, 더 강한 느낌이었다. 그리고 또 다른 점이 있었다.

"단추가 없네요!"

로즈가 뒤통수를 더듬으며 말했다.

"그리고 유닛 번호도 없어요."

"이제 네게 그런 건 필요 없어."

몰로보 박사가 말했다.

"제가 로줌 유닛 7134가 아니라면, 전 누구죠?"

"그건 네가 잘 알고 있지."

로봇의 컴퓨터 뇌는 오래 생각하지 않았다. 로봇은 거울을 들여다보며 말했다.

"전 로즈로군요."

나이 많은 여자가 빙그레 웃으며 고개를 끄덕였다.

"새 몸을 주셔서 정말 고마워요. 그런데 가족과 친구들이 절 못 알아볼까 봐 걱정돼요."

로즈가 말했다.

"분명 그들은 널 알아볼 거야. 가족 얘기가 나와서 말인데, 누군가 널 만나러 온 모양이구나."

몰로보 박사가 말했다.

새로운 엄마

 엄마가 건물에서 떨어질 때, 브라이트빌은 그 옆에 있었다. 브라이트빌은 로즈의 조각들이 비행선에 실려 가는 것을 보았고, 비행선 지붕에 앉아 공장까지 따라갔다. 하지만 그다음에는 뭘 어떻게 해야 할지 몰랐다.
 스트러터가 브라이트빌이 무사한지 보려고 찾아왔다. 스트러터는 브라이트빌에게 집으로 가는 게 좋겠다고 말했다. 하지만 브라이트빌은 아직 갈 수 없었다. 여전히 엄마가 어떻게든 살아 돌아오기를 바랐다. 전에도 그런 일이 있었다. 하지만 시간이 지날수록 희망은 점점 희미해졌다.
 공장 지붕에 달려 있던 창문이 하나 열렸다. 평온한 음악이 흘러나왔다. 브라이트빌은 건물 안으로 들어갔다. 그리고 음악을 따라 복도를 지나 나무문 앞까지 갔다. 문이 열렸고, 기러기는 안으로 들어갔다.
 브라이트빌은 큰 책장과 가죽 가구들을 지나 커다란 방 한

가운데로 뒤뚱뒤뚱 걸어갔다. 나이 많은 여자가 의자에 앉아 있었고, 로봇 하나가 거울 앞에 서 있었다. 브라이트빌은 처음 보는 이들이었다. 그때 로봇이 기러기를 향해 달려갔다. 브라이트빌은 깜짝 놀라서 도망쳤다.

"저리 가요!"

브라이트빌은 방 안을 돌면서 꽥꽥거리며 날개를 퍼덕였다. 그러다가 구석에 있는 탁자에 올라앉았다. 겁먹은 듯 보였다.

로봇은 가만히 서 있었다.

"브라이트빌, 나야. 엄마야."

기러기는 로봇을 빤히 쳐다보았다.

"겉모습은 다르지만, 난 여전히 네 엄마란다. 이것 봐. 지금도 동물의 언어로 말하고 있잖아. 우리가 함께 겪었던 온갖 일

을 모두 기억하고 있단다. 불을 피워 놓고 함께 앉아 있던 일이나 네가 처음 날았던 일도. 풀이 무성한 산등성이에서 넌 바람을 타고 날아올랐지. 그러다 풀밭으로 쿵 떨어졌어. 그날 넌 백 번도 넘게 바닥으로 떨어졌잖니! 그리고 로봇 묘지를 찾아간 날도 기억해. 우리는 삶과 죽음에 대해 이야기를 나눴지. 어려운 주제였지만 의미 있는 대화였어."

로봇이 말을 계속하자 기러기는 긴장을 풀기 시작했다. 분명 로봇은 엄마처럼 말했다. 하지만 브라이트빌은 확신이 서지 않았다.

"당신이 정말로 제 엄마라면, 우리 집 이름을 말해 봐요."

"둥지."

"제 가장 친한 친구는 누구예요?"

"칫챗. 말이 많은 다람쥐지."

"저를 입양했을 때 저는 몇 살이었죠?"

"넌 0살이었어. 사실 0살이라고 하기도 모호하지. 무슨 말이냐면, 넌 그때 알 속에 있었으니까. 하지만 난 그 속에서 옹알거리는 소리를 들었단다."

브라이트빌은 드디어 모든 것을 받아들였다.

"엄마! 정말 엄마가 맞네요!"

기러기는 엄마 품으로 뛰어들었다. 엄마의 새 팔은 낯설었지만, 여전히 따뜻하고 편안했다.

"사랑해요, 엄마."

"사랑한다, 아들아."

방 한쪽에서 훌쩍거리는 소리가 들렸다. 몰로보 박사가 눈물을 훔치고 있었다.

"너희들이 서로 무슨 말을 나눴는지는 모르지만, 아무튼 정말 멋진 모습이구나."

손님

그동안 비밀스럽게 여행을 하던, 두려움에 떨며 도망을 치던 우리의 친구들은 마침내 안전해졌다. 하지만 여전히 문제는 남아 있었다. 로즈의 몸은 새로워졌지만 마음은 그대로였다. 사람들은 아직 감정이 있고 호기심이 많은 와일드 로봇을 받아들일 준비가 안 되어 있었다. 로즈가 거리낌 없이 자신을 드러내며 살 수 있는 곳은 그곳뿐이었다. 그러나 그곳은 너무 멀었다.

"몰로보 박사님, 그동안 우릴 위해 많은 일을 해 주셨다는 걸 알아요. 하지만 마지막으로 부탁이 하나 더 있어요."

몰로보 박사는 의자에 등을 기대고 앉았다.

"비행선으로 우리를 집에 데려다줄 수 있을까요?"

박사가 웃으며 말했다.

"물론 그럴 거야! 안 그러면 네가 어떻게 바다 한가운데 있는 섬에 갈 수 있겠니?"

로즈는 비행선을 타고 고향에 가는 상상을 여러 번 했지만, 실제로 그런 일이 일어날 줄은 몰랐다.

"그건 전혀 문제없어! 몇 시간이면 돼. 하지만 너희들 여기에 좀 더 머무르는 게 어떻겠니? 그동안 고생이 많았을 테니 여기서 편히 지내다 가면 좋잖아. 나도 친구가 있어서 좋고."

박사의 제안을 거절할 이유가 없었다. 그들은 아파트에서 한동안 머무르기로 했다.

집사 로봇은 아파트에 있는 모든 걸 돌보았다. 그러니 손님을 돌보는 것도 당연했다. 로즈는 다른 로봇의 도움을 받는 게 우습다고 생각했지만, 브라이트빌은 기쁜 마음으로 그 배려를 실컷 누렸다. 집사는 귀한 열대 이파리로 만든 샐러드를 내놓았고, 거실에 작은 수영장을 만들어 헤엄칠 수 있게 해 주었다. 또 기러기에게 딱 맞는 아늑한 침대를 만들어 주었는데,

브라이트빌은 그렇게 편안한 잠자리는 처음이었다.

몰로보 박사는 시간을 쪼개어 일도 하고, 손님과 시간을 보내기도 했다. 로즈와 브라이트빌과 둘러앉아 수다를 떨다가, 급한 일이 생기면 공장으로 향했다. 박사는 새로운 로봇을 설계해야 했고, 제작자와 레코들을 감독해야 했으며, 테크랩사의 모든 걸 관리해야 했다. 나이가 많았지만 여전히 로봇에 대한 열정이 대단했다.

"일을 사랑하게 되면, 일이 일처럼 느껴지지 않아."

몰로보 박사가 문을 열고 나가면서 말했다.

집주인이 일하러 가고 없을 때, 손님들은 알아서 시간을 보냈다. 로즈는 책장 앞에서 예술과 과학, 로봇 공학의 역사에 대해 읽었다. 브라이트빌은 이 방 저 방 뒤뚱뒤뚱 돌아다니며 아파트를 탐험했다. 하지만 그들이 가장 좋아하는 일은 창문 앞에 서서 도시의 놀라운 광경을 내려다보는 것이었다.

"스트러터가 저를 따라왔던 다리가 보여요! 저 건물은 그레이빅을 처음 만난 곳이에요. 오, 저기에 엄마가 떨어졌던 건물이 있어요."

브라이트빌이 말했다.

"저기 봐. 멀리에 우주선이 또 이륙하고 있어. 우주 정거장이나 달, 아니면 더 멀리까지 날아갈 거야."

로즈가 말했다.

"제 생각에 저 건물은 온실 같아요. 예전에 저곳을 지난 적이 있는데, 건물 안에는 식물밖에 없었어요."

로즈와 브라이트빌은 몰로보 박사의 아파트에서 즐겁게 지냈다. 하지만 그들은 친구들과 야생의 섬이 그리웠다. 며칠이 지나자 손님들은 초조해졌다.

고향으로 돌아갈 때가 된 것이다.

비행

 날렵하게 생긴 하얀 비행선이 포장도로 위에서 반짝였다. 오랫동안 비행선은 로즈에게 두려움의 대상이었다. 그러나 이제 그 비행선이 로즈를 집으로 데려다줄 것이다.
 문이 스르르 열리고 몰로보 박사와 로즈, 브라이트빌이 올라탔다. 모두가 편안하게 앉자 몰로보 박사가 말했다.
 "로줌 유닛 7134가 발견되었던 섬으로 우리를 데려다줘."
 엔진이 점화되고 비행선이 이륙했다. 비행선은 북쪽으로 방향을 돌리더니, 도시 위를 날아갔다.
 셋은 비행선 아래로 건물과 도로들이 지나가는 것을 조용히 지켜보았다. 도시의 풍경이 끊임없이 이어졌다. 그러나 비행선이 속도를 점점 높이자 서서히 시골 풍경이 나타났다. 그리고 곧 절벽으로 된 해안선이 보였다. 잠시 뒤 그들은 바다 위에 있었다.
 바다는 깊었다. 그러나 어두운 바다 여기저기에 얕은 곳들

이 눈에 띄었다. 모래톱, 암초, 물속에 잠긴 섬, 그리고 기괴한 바위가 불쑥 튀어나와 있는 곳도 있었다. 저건 오래된 건물의 잔해일까? 신비한 모양들은 비행선 뒤로 사라지고, 더 깊고 어두운 바다가 나왔다.

비행선은 몇 시간 동안 계속 날았다. 차츰 솜털 같은 구름이 지평선에 보이기 시작했다. 구름 밑에는 옅은 녹색 점이 있었다.

섬이었다.

점점 가까워지고 있었다. 로즈가 그토록 그리워했던 풍경이 창밖으로 보이기 시작했다.

바위가 많은 해안!

산과 폭포!

숲과 초원과 연못!

비행선이 풀밭에 내려앉자 주변에 바람이 세차게 일었다. 비행선은 부드럽게 착륙했고, 곧 엔진이 꺼졌다.

귀향

비행선의 문이 스르르 열렸고, 로봇이 밖으로 걸어 나왔다. 주변은 조용했다. 하지만 로즈는 동물들이 숨어서 지켜보고 있다는 걸 알았다. 로즈는 그들에게 힘찬 목소리로 인사했다.

"여러분, 제가 돌아왔어요! 제 모습이 바뀌긴 했지만, 전 여러분의 오랜 친구 로즈예요!"

로즈의 목소리가 온 섬에 울려 퍼졌지만 아무도 대답하지 않았다. 들리는 소리는 로즈의 메아리뿐이었다. 새 몸을 얻은 로즈는 이곳에 어울리지 않는 듯했다. 로즈는 진흙을 한 움큼 주워 몸에 묻히기 시작했다. 그리고 예전처럼 보이기 위해 풀과 꽃도 꽂았다.

비행선에서 나온 브라이트빌이 로즈의 어깨에 내려앉았다. 그리고 꽁지깃을 흔들며 꽥꽥거렸다.

"정말이에요! 이 로봇이 우리 엄마예요! 직접 와서 보세요!"

여전히 조용했다.

그러다 덤불이 바스락거렸다. 몇몇 동물이 나무에서 얼굴을 내밀었다. 잠시 후 그들은 로즈가 있는 곳을 향해 움직였다. 처음에는 조심스러웠다. 이 새로운 로봇이 정말 옛 친구가 맞을까?

얼마 후 로즈의 낯익은 행동을 보고, 익숙한 목소리가 들리자 모두가 한목소리로 외쳤다.

"로즈가 돌아왔다!"

로봇 주위에 동물 친구들이 모여들었다. 기러기 무리, 비버 가족, 사슴 가족, 여우 핑크, 올빼미 스우퍼가 왔다. 곰들이 언덕에서 내려왔고, 물고기들이 연못에서 뛰어올랐으며, 독수리들이 위에서 빙글빙글 돌았다. 야행성 동물조차도 굴에서 나와 로즈를 환영했다.

긴 여행을 마치고, 가족과 친구들이 기다리는 고향으로 돌아오는 건 얼마나 기분 좋은 일인가. 하지만 가끔 우리는 달라진 무언가를 발견하기도 한다. 독자 여러분도 알다시피, 자연은 때로 혹독한 곳이다. 로즈가 떠나 있는 동안, 자연은 그 몫을 챙겨 갔다. 너구리 룸프킨과 범프킨은 있었지만, 럼프킨은 보이지 않았다. 무스 브로드풋과 마멋 딕다운도 보이지 않았다. 다른 몇몇 동물도 마찬가지였다. 많은 귀향이 그러하듯, 로즈의 귀향도 달콤하면서 씁쓸했다.

다람쥐 칫챗이 풀밭을 헤치고 나와 늘 하던 대로 수다를 떨었다.

"전 언제나 믿었어요 당신이 돌아올 거라는 걸요 로즈 그런데 살이 그렇게 많이 찔 줄은 몰랐어요 저도 살이 찌긴 했어요 어쨌든 기회가 되면 당신의 모험 이야기를 들려주세요 제가 말이 너무 많죠 죄송해요 당신을 다시 만난 게 기뻐서 흥분했나 봐요……"

기러기, 비버, 사슴, 물고기, 다람쥐, 올빼미, 곰, 거북이, 수달, 너구리, 딱따구리, 주머니쥐, 무스, 여우 등 온갖 동물이 사랑하는 친구 로즈와 브라이트빌을 환영하기 위해 몰려왔다.

몰로보 박사는 비행선에서 모든 것을 지켜보았다.

마지막 작별

"여러분, 저를 설계한 박사님을 소개할게요."

로즈는 비행선 출입구에 서 있는 이상한 생명체에게 다가갔다. 섬의 동물들은 사람을 본 적이 없었다. 그들은 눈을 가늘게 뜨고, 코를 킁킁거리며 서로 귓속말을 했다. 연약해 보이는 나이 든 여자가 어떻게 저렇게 크고 힘센 로봇을 만들 수 있을까 궁금해했다.

몰로보 박사가 로즈에게 무슨 말을 했다. 그러자 로즈가 큰 소리로 동물들에게 말했다.

"박사님이 저에게 통역을 부탁했어요. 제가 지금부터 하는 말은 박사님의 말이에요."

로즈가 말했다.

모두 조용히 귀기울였다.

"섬의 동물 여러분! 로즈를 구해줘서 고마워요. 여러분의 도움이 없었다면 로즈는 오래전에 여기서 죽었을 거예요. 또한 여러분은 로즈의 선생님이기도 해요. 로즈에게 '야생'이 어떤 것인지 가르쳐 주었고, 그건 로즈가 살아남는 데 꼭 필요한 기술이었어요. 이곳뿐만 아니라 제가 사는 도시에서도요."

박사가 말을 이었다.

"이곳을 둘러보니 로즈가 왜 그렇게 여기로 돌아오고 싶어 했는지 알 것 같아요. 로즈는 사람이나 다른 로봇하고는 어울리지 않아요. 이 섬에서 여러분과 함께 있는 게 어울려요. 다른 사람들이 이곳을 알게 되면 여러분들이 위험해질 거예요. 그래서 전 곧 떠날 거고, 다시는 여기에 오지 않을 거예요. 여러분 모두가 평화롭게 살 수 있도록 이 섬의 존재를 비밀로 할게요. 저는 와일드 로봇이라는 놀라운 기적을 마음에 담고 남은 생을 살아갈 거예요."

초원이 어느새 조용해졌다.

브라이트빌이 몰로보 박사 옆으로 날아와 앉았다. 브라이트빌은 박사의 눈을 깊이 들여다보고는 고개를 숙였다. 그러자 다른 기러기들도 고개를 숙였다. 수사슴 크라운포인트가 고개를 숙였다. 주머니쥐 핑크테일이 고개를 숙였다. 비버 부부가 고개를 숙였다. 도마뱀이 고개를 숙이고, 거북이와 개구리가 뒤를 이었다. 마치 파도처럼 동물들이 줄지어 고개를 숙였다. 동물들은 사랑하는 친구 로즈를 만들고, 고향으로 데려다준 박사에게 존경을 표했다.

몰로보 박사가 로즈를 향해 돌아섰다.

"내가 왜 다시 이곳에 올 수 없는지 이해하지? 그건 널 위해서야."

박사의 눈에 눈물이 맺혔다.

"이해해요. 더 많은 시간을 같이 보낼 수 없어서 아쉬워요."

몰로보 박사는 빙그레 웃으며 로즈를 끌어안았다. 로봇의 몸에 진흙과 풀이 묻은 건 신경 쓰지 않았다. 서로를 감싸 안으면서 둘은 사랑 같은 걸 느꼈다.

"넌 와일드 로봇이잖아. 야생의 삶이 더 어울려."

떠남

몰로보 박사가 비행선에 올라타자, 문이 스르르 닫혔다. 조금 뒤 엔진이 켜졌고, 야생 동물들은 뒤로 물러났다. 날아오른 비행선은 남쪽으로 방향을 돌렸다. 그리고 하늘 저편으로 사라졌다.

섬

 우리 이야기는 섬에서 끝난다. 한 로봇이 야생의 삶으로 돌아간 곳. 로즈는 인간 세계에서 탈출했고, 이제는 자유롭게 온전한 자신으로 살 수 있었다. 로즈는 생각하고, 말하고, 원하는 모든 걸 할 수 있었다. 그리고 지금 로즈가 원하는 건, 그저 해가 지는 걸 바라보는 것이었다.
 로즈는 브라이트빌을 어깨에 앉히고, 숲과 초원과 개울을 지나 산으로 올라갔다. 위로, 위로, 더 위로 올라가 섬의 가장 높은 곳까지 올라갔다. 그리고 산꼭대기 바위에 앉아 바다 너머로 천천히 해가 지는 것을 바라보았다.
 독자 여러분도 생각이 비슷하다면, 많은 질문이 떠오를 것이다. 로즈는 얼마나 오래 살까? 사람을 다시 보게 될까? 어떤 기쁨과 슬픔이 로즈를 기다리고 있을까?
 로즈도 여전히 질문이 많았다. 하지만 이제 그 가운데 몇은 답을 알고 있었다. 자기가 어디에서 왔는지, 자기에게 어떠한 삶이 주어졌는지, 또 어떠한 삶을 살고 싶은지 알게 되었다.

로즈는 브라이트빌과 함께 앉아서 천천히 섬을 둘러보았다. 저무는 햇살이 나무 꼭대기를 비추며 지나갔고, 동물들은 어둠을 헤치며 종종걸음 쳤다. 꽃향기와 소금 냄새가 바람에 실려 왔다. 하늘이 어두워지자 귀뚜라미가 울기 시작했다. 그리고 별들이 반짝였다.

모든 것이 완벽했다.

로즈는 안전하고, 행복하고, 사랑받는다고 느꼈다.

와일드 로봇이 드디어 고향에 돌아왔다.

에필로그

힐탑 농장에 가을이 찾아왔다. 목초지는 서리로 덮였고, 소들은 바깥에서 마지막 남은 신선한 풀을 뜯고 있었다. 그들은 곧 우유를 짜러 착유실로 갈 것이다. 소들의 일상은 변함이 없었다.

샤리프 씨는 개와 함께 소형 트럭에 앉아서, 들에서 일하고 있는 새 로봇을 지켜보고 있었다. 테크랩사에서는 로봇이 도망치지 않을 거라고 했지만, 아직 샤리프 씨는 로봇을 믿지 않았다.

아이들은 남는 시간을 농장에서 일하며 보냈다. 자야는 소들을 돌보고, 재드는 농기구와 기계를 살폈다. 아이들이 농장 건물 사이를 걸어가고 있을 때, 하늘에서 끼룩거리는 소리가 들리더니 기러기 한 무리가 연못에 내려앉았다.

몇 주 동안 여러 기러기 무리가 농장에 들렀다. 하지만 이번 무리는 조금 달랐다. 그들은 완벽한 V자 대형으로 날았고, 맨 앞에는 작고 우아한 기러기가 무리를 이끌었다.

　기러기들은 조용히 물 위에 떠 있었다. 잠시 뒤 우두머리 기러기가 꼬리 깃털을 흔들고, 날개를 퍼덕이며 아이들에게 다가왔다. 기러기는 아이들의 눈을 깊이 바라보았다. 그리고 목을 길게 뺀 다음 깃털 하나를 뽑아 아이들의 발 앞에 내려놓았다.

　자야와 재드는 서로를 바라보며 웃음 지었다. 아이들은 이 순간을 기다렸다. 그들은 로즈의 이야기가 어떻게 끝나는지 알고 싶었다. 그리고 이제 드디어 알게 되었다.

　와일드 로봇은 자기가 있어야 할 곳으로 돌아간 것이다.

작가 이야기

지적인 로봇이 거친 야생의 공간에 버려진다면 어떻게 행동할까? 로봇은 자연환경에 적응할 수 있을까? 로봇이 진정으로 야생성을 가질 수 있을까? 이런 질문들이 로즈라는 캐릭터를 만들었고, 아이들을 위한 첫 번째 소설 《와일드 로봇》을 쓰게 했다.

하지만 내게는 더 많은 질문이 남아 있었다.

만약 로즈가 야생을 벗어나면 어떻게 될까? 와일드 로봇은 평범한 로봇과 인간을 보고 어떻게 반응할까? 그녀는 문명사회에 적응할 수 있을까? 질문은 계속 쏟아졌지만, 그래도 몇 번이고 되묻게 되는 질문이 있었다.

와일드 로봇이 진정으로 속한 곳은 어디인가?

태어나 첫해를 보냈던 섬일까? 아니면 다른 로봇들과 함께 인간을 위해 일하는 문명사회일까? 나는 로즈가 자연과 문명 사이에서 갈등하고 있다고 상상했다. 그리고 만약 선택권이 주어진다면, 로즈가 야생 동물들과 섬에서 함께 사는 삶을 선택할 거로 생각했다. 하지만 로즈에게 선택권이 있을까?

로즈가 집으로 돌아가는 여정을 그린 속편을 쓰면서 이런 질문에 답을 찾고자 했다. 이야기에는 마음과 영혼, 모험과 과학, 심지어 철학까지 담겨야 했다. 새로운 캐릭터와 배경을 만들어야 했고, 그 모든 것은 나중에 제 역할을 해야 했다. 마치 모든 조각이 완벽하게 들어맞아야 하는 퍼즐처럼 복잡했다.

미래를 예측하는 전문가의 글을 읽었다. 로봇 공학과 자동화, 그리고 인공 지능을 공부했다. 지칠 줄 모르는 로봇의 수고로움 덕분에 인간들이 편안하게 사는 미래 사회를 상상했다. 그 한가운데에는 새로운 삶에서 벗어나, 예전의 삶으로 돌아가기 위해 자신의 야생성을 회복하는 로즈가 있었다.

퍼즐 조각은 들어맞기 시작했고, 여러 해를 연구하고, 생각하고, 쓰고, 그러면서 지낸 끝에 나는 두 번째 소설 《와일드 로봇의 탈출》을 펴내게 되었다.

― 피터 브라운

책의 꿈, 만화의 상상
거북이북스
www.gobook2.com